KB260547

무역실무자가
꼭 알아야 할
인코텀즈 2010

중앙경제평론사
중앙 생활 사

Joongang Economy Publishing Co./Joongang Life Publishing Co.

중앙경제평론사는 오늘보다 나은 내일을 창조한다는 신념 아래 설립된 경제 · 경영서 전문 출판사로서 성공을 꿈꾸는 직장인, 경영인에게 전문지식과 자기계발의 지혜를 주는 책을 발간하고 있습니다.

무역실무자가 꼭 알아야 할 인코텀즈 2010

초판 1쇄 인쇄 | 2012년 11월 23일
초판 1쇄 발행 | 2012년 11월 28일

편역자 | 오시학(Sihak Oh)
펴낸이 | 최점옥(Jeomog Choi)
펴낸곳 | 중앙경제평론사(Joongang Economy Publishing Co.)

대　　　표 | 김용주
책 임 편 집 | 장청화
본문디자인 | 박성현

출력 | 현문자현　종이 | 한솔PNS　인쇄 · 제본 | 현문자현

잘못된 책은 바꾸어 드립니다.
가격은 표지 뒷면에 있습니다.

ISBN 978-89-6054-095-8(13320)

등록 | 1991년 4월 10일 제2-1153호
주소 | ㉾100-826 서울시 중구 다산로20길 5(신당4동 340-128) 중앙빌딩 4층
전화 | (02)2253-4463(代)　팩스 | (02)2253-7988
홈페이지 | www.japub.co.kr　이메일 | japub@naver.com | japub21@empas.com
♣ 중앙경제평론사는 중앙생활사 · 중앙에듀북스와 자매회사입니다.

▶홈페이지에서 구입하시면 많은 혜택이 있습니다.

※ 이 도서의 국립중앙도서관 출판시도서목록(CIP)은 e-CIP 홈페이지(www.nl.go.kr/cip.php)에서 이용하실 수 있습니다.(CIP제어번호: CIP2012005059)

무역실무자가 꼭 알아야 할
인코텀즈 2010

오시학(경영학박사) 편역

중앙경제평론사

⋮

   국제무역 실무를 담당하는 무역 실무자들에게 가장 중요한 것이 수출입 매매계약 체결과 영문 수출입계약서 작성이다. 그중 영문 수출입계약서 작성에서 가장 중요한 것이 가격표시 방법과 대금결제 방법이다.

   Incoterms는 바로 이 영문 수출입계약서 작성 시 무역 실무자가 반드시 알아야 하는 FOB, CIF 등의 가격조건 또는 무역조건에 대한 국제규칙이다. FOB, CIF 등의 무역조건에 대한 해석이 국가마다 달라서 국제무역의 발전을 저해하자, 1936년 프랑스 파리에 자리한 국제상업회의소(International Chamber of Commerce, ICC)에서 무역조건에 대해 각국에서 채택하는 용어와 그 내용을 조사하고 그 결과에 근거해 무역조건의 해석에 관한 규칙으로 제정한 것이 바로 Incoterms(International Rules for the Interpretation of Trade Terms, 약칭 International Commercial Terms)이다. 이후 1953년, 1967년, 1976년, 1980년, 1990년, 2000년에 이어 2010년에 개정되어 2011년 1월 1일자로 발효되었다.

이 책은 바로 Incoterms의 제정과 개정 경위를 살펴보고, Incoterms 2010에서 사용된 용어를 설명한 다음, 이번에 개정된 Incoterms 2010의 특징 및 개정 내용을 설명하였다. 또한 Incoterms 2010의 '11개 무역조건'을 세부적으로 살펴본 다음, 끝으로 Incoterms 2010의 사용 방법을 설명했다.

이 책의 특징은 Incoterms 2010의 핵심 내용인 11개 무역조건별 세부 내용을 영문과 동시 번역해 수출과 수입에서의 10가지 책임과 의무를 도표로 정리한 것이다.

아무쪼록 수출과 수입을 직접 하는 무역회사 실무자는 물론이고 해운회사와 항공회사, 포워더 등 국제물류회사 실무자들과 해상보험회사나 손해사정회사 실무자들, 그리고 은행의 외환 실무자들, 수출입 통관에 종사하는 세관공무원들, 대학 및 대학원의 학생들과 교수들에게 널리 활용되어 우리나라 무역 발전에 조금이라도 도움이 된다면 그 이상 다행한 일이 없겠다.

오시학

| 차례 |

part 1

Incoterms의
제정과 개정 경위

1920년 창립한 국제상업회의소에서 창립 당시부터 국제무역 발전을 저해하는 가장 큰 장애 요소로 주목한 것이 FOB, CIF 등의 무역조건에 대한 해석이 국가마다 상이하다는 점이었다. 이에 무역조건에 대해 각국에서 채택하는 용어와 그 내용을 조사하고, 그 결과에 근거해 1936년 무역조건의 해석에 관한 규칙으로 제정한 것이 바로 Incoterms이다.

Incoterms 1936 제정

1920년 창립한 국제상업회의소(International Chamber of Commerce)에서 창립 당시부터 국제무역 발전을 저해하는 가장 큰 장애 요소로 주목한 것이 FOB, CIF 등의 무역조건에 대한 해석이 국가마다 상이하다는 점이었다. 이에 무역조건에 대해 각국에서 채택하는 용어와 그 내용을 조사하고, 그 결과에 근거해 1936년 무역조건의 해석에 관한 규칙으로 제정한 것이 바로 Incoterms(International Rules for the Interpretation of Trade Terms, 약칭 International Commercial Terms)이다.

1936년에 제정한 Incoterms의 무역조건은 11개로서 다음과 같다.

1. Ex Works : 공장 인도 가격조건^(…지정 장소)(현재까지 사용)

2. FOR^(Free On Rail)/**FOT**^{(Free On Truck)(…named departure point)} : 철도/화차 인도가격 조건^(…지정 발차 지점)

3. Free^(…named port of shipment) : 반입 인도가격 조건^(…지정 선적항)

4. Free Alongside Ship^{(FAS)(…named port of shipment)} : 선측 인도가격 조건 ^(…지정 선적항)(2000년 개정 후 현재까지 사용)

5. Free On Board^{(FOB)(…named port of shipment)} : 본선 인도가격 조건^(…지정 선적항)(2010년 개정 후 현재까지 사용)

6. Cost and Freight^{(C&F)(…named port of destination)} : 운임 포함 가격조건^(…지정 도착항)(2010년 개정 후 현재까지 사용)

7. Cost, Insurance and Freight^{(CIF)(…named port of destination)} : 운임 보험료 포함 가격조건^(…지정 도착항)(2010년 개정 후 현재까지 사용)

8. Freight or Carriage Paid to^(…named place of destination) : 운송비 지급 가격조건^(…지정 도착 지점)

9. Free or Free Delivered^(…named point of destination) : 반입 인도가격^(…지정 도착 지점)

10. Ex Ship^(…named port of destination) : 착선 인도 가격조건^(…지정 도착항)(2010년 DAP에 흡수 통합되면서 삭제됨)

11. Ex Quay^{(duty paid)(…named port of destination)} : 부두 인도가격 조건^{(관세 지급)(…지정 도착항)}(2010년 DAT에 흡수 통합되면서 삭제됨)

Incoterms 1953

가능한 많은 무역업자가 이용하기 위해서는 무역조건의 내용이 편리하고 쉬워야 하며, 최신의 무역 관행을 잘 반영해야 한다. 제2차 세계대전 후 국제정세가 변화하면서 무역거래 관행도 변화했는데, 이에 따라 Incoterms의 개정이 불가피하게 되었다.

그리하여 1953년에 개정한 Incoterms에서는 위의 1936년 Incoterms의 11개 무역조건 중 내용이 난해해 무역 당사자 간에 자주 분쟁이 발생한,

3. Free(named port of shipment) : 반입 인도가격 조건(…지적 선적항)

9. Free or Free Delivered(…named point of destination) : 반입 인도가격 조건(…지정 도착 지점)

이 삭제되고, 나머지 9개의 무역조건만 남게 되었다. 즉, 1953년 Incoterms의 무역조건 9개(2개 삭제) 내용은 다음과 같다.

1. Ex Works(···named point)

2. FOR(Free On Rail)/FOT(Free On Truck)(···named departure point)

   · Free(···named port of shipment) (삭제)

3. Free Alongside Ship(FAS)(···named port of shipment)

4. Free On Board(FOB)(···named port of shipment)

5. Cost and Freight(C&F)(···named port of destination)

6. Cost, Insurance and Freight(CIF)(···named port of destination)

7. Freight or Carriage Paid to(···named place of destination)

   · Free or Free Delivered(···named point of destination) (삭제)

8. Ex Ship(···named port of destination)

9. Ex Quay(duty paid)(···named port of destination)

Incoterms Supplement 1967

1953년에 Incoterms가 간행된 후, 1960년대 동서간 국경무역 발달과 컨테이너에 의한 운송 혁명의 내용을 반영하기 위해 1967년 2개의 무역조건이 새로 추가되었다. 즉, 동서간의 국경무역을 위한 Delivered At Frontier(···named place of delivery at frontier) : 국경 인도가격 조건(···지정 국경 인도 장소)과 컨테이너에 의한 운송 혁명으로 Delivered, Duty Paid(···named place of destination in the country of importation) : 관세 지급 반입 인도가격 조건(···수입 국내 지정 도착 장소)이 새로 추가되어 1967년 Incoterms의 무역조건은 또다시 11개 로 늘었다.

1967년 Incoterms의 무역조건은 11개^(2개 항목 추가)로 다음과 같다.

1. Ex Works^(…named point)

2. FOR^(Free On Rail)/FOT^{(Free On Truck)(…named departure point)}

3. Free Alongside Ship^{(FAS)(…named port of shipment)}

4. Free On Board^{(FOB)(…named port of shipment)}

5. Cost and Freight^{(C&F)(…named port of destination)}

6. Cost, Insurance and Freight^{(CIF)(…named port of destination)}

7. Freight or Carriage Paid to^(…named place of destination)

8. Deliverd At Frontier^{(…named place of delivery at frontier)(신설)}

9. Ex Ship^(…named port of destination)

10. Ex Quay^{(duty paid)(…named port of destination)}

11. Delivered, Duty Paid^{(…named place of destination in the country of importation)(신설)}

Incoterms Supplement 1976

1967년에 Incoterms Supplement가 간행된 후, 1970년대 급속하게 발달한 항공교통과 관련한 내용을 반영하기 위해 1976년 FOB Airport^(…named point of departure) : 공항 인도가격 조건^(…지정 출발 공항)이 새로 추가되었다. 이로써 1976년 Incoterms의 무역조건은 12개가 되었다.

1976년 Incoterms의 무역조건은 12개^(1개 추가)로 다음과 같다.

1. Ex Works

2. FOR^(Free On Rail)/FOT^(Free On Truck)^(…named departure point)

3. Free Alongside Ship^{(FAS)(…named port of shipment)}

4. Free On Board^{(FOB)(…named port of shipment)}

5. FOB Airport^{(…named point of departure) (신설)}

6. Cost and Freight^{(C&F)(…named port of destination)}

7. Cost, Insurance and Freight^{(CIF)(…named port of destination)}

8. Freight or Carriage Paid to^(…named place of destination)

9. Deliverd At Frontier^(…named place of delivery at frontier)

10. Ex Ship^(…named port of destination)

11. Ex Quay^{(duty paid)(…named port of destination)}

12. Delivered, Duty Paid^(…named place of destination in the country of importation)

Incoterms 1980

1976년의 Incoterms Supplement가 간행된 후, 국제복합운송의 발달을 반영하기 위해 1980년 Free Carrier(···named point) : 운송인 인도가격 조건(···지정 지점) 및 Carriage and Insurance Paid to(···named point of destination) : 운송비 보험료 지급가격 조건(···지정 도착 지점)이 추가된 데 이어 1936년에 제정된 Freight or Carriage Paid to(···named point of destination) : 운송비 지급가격 조건(···지정 도착 지점)이 수정 보완되었다.

이로써 1980년 Incoterms의 무역조건은 14개으로 늘어났으며, 특히 통신수단에 부응해 각 무역조건에 대한 3문자 코드를 정한 것이 특징이다.

즉, 1980년의 Incoterms 무역조건은 14개(2개 항목 추가 및 1개 수정, 그리고 3문자 코드화) 항목으로서 다음과 같다.

1. EXW : Ex Works(…named point)

2. FCA : Free Carrier(…named point)(신설)

3. FOR(Free On Rail)/FOT(Free On Truck)(…named departure point)

4. FAS : Free Alongside Ship(…named port of shipment)

5. FOB : Free On Board(…named port of shipment)

6. FOA : FOB Airport(…named point of departure)

7. CNF : Cost and Freight(…named port of destination)

8. CIF : Cost, Insurance and Freight(…named port of destination)

9. CPT : Carriage Paid to(…named place of destination)(수정)

10. CIP : Carriage and Insurance Paid to(…named place of destination)(신설)

11. DAF : Deliverd At Frontier(…named place of delivery at frontier)

12. EXS : Ex Ship(…named port of destination)

13. EXQ : Ex Quay(duty paid)(…named port of destination)

14. DDP : Delivered Duty Paid(…named place of destination in the country of importation)

Incoterms 1990

1980년 Incoterms가 간행된 후 1980년대로 들어서며 전자자료 교환(Electronic Data Interchange: EDI)이 급속히 증대했다. 또한 고도로 발달한 국제 복합 운송기법을 반영하고 Incoterms의 무역조건을 일목요연하게 규정하기 위해 1990년에 Incoterms를 개정하게 되었다.

1990년 Incoterms의 특징은 운송 방법에 관계없이 모든 형태의 운송에 널리 채택되도록 Free Carrier(…named place) : 운송인 인도가격 조건(…지정 장소)를 포괄적으로 규정함으로써 1939년에 제정된 FOR(Free On Rail)/FOT(Free On Truck …named departure point) : 철도/화차

인도가격 조건(…지정 발차 지점)과 1976년에 제정된 FOB Airport(…named point of departure): 공항 인도가격 조건(…지정 출발 공항)이 Free Carrier(…named place) : 운송인 인도가격 조건(…지정 장소)을 흡수함으로써 삭제되었다. 또한 Delivered Duty Unpaid(…named place of destination) : 관세부 지급 반입 인도가격 조건(…지정 도착 장소)이 새로 추가됐다.

그리하여 1990년 Incoterms는 13개 무역조건을 규정하는데, 이들 13개 무역조건을 E그룹(출발지 인도가격 조건), F그룹(주운임부 지급 인도가격 조건), C그룹(주운임 지급 인도가격 조건), D그룹(도착지 인도가격 조건)으로 분류하고, 매도인과 매수인의 의무를 각각 10가지로 분류하여 일목요연하게 규정했으며, 각 무역조건이 어떤 방법의 운송에 적용될 수 있는지를 규정한 것이 특징이다.

1990년 Incoterms의 무역조건은 13개(흡수 통합으로 2개 삭제 및 1개 추가와 EFCD 그룹화 및 10가지 의무)로서 다음과 같다.

1. EXW : Ex Works(…named point)

2. FCA : Free Carrier(…named point)

· FOR(Free On Rail)/FOT(Free On Truck)(…named departure point)(2번에 흡수 통합)

3. FAS : Free Alongside Ship(…named port of shipment)

4. FOB : Free On Board(…named port of shipment)

· FOA : FOB Airport(..named point of departure)(2번에 흡수 통합)

5. CFR : Cost and Freight^(···named port of destination)

6. CIF : Cost, Insurance and Freight^(···named port of destination)

7. CPT : Carriage Paid to^(···named place of destination)

8. CIP : Carriage and Insurance Paid to^(···named place of destination)

9. DAF : Deliverd At Frontier^(···named place of delivery at frontier)

10. DES : Ex Ship^(···named port of destination)

11. DEQ : Ex Quay^{(duty paid)(···named port of destination)}

12. DDU : Delivered Duty Unpaid^{(···named place of destination)(신설)}

13. DDP : Delivered Duty Paid^(···named place of destination in the country of importation)

Incoterms 2000

약 2년 동안의 개정 작업으로 완성한 Incoterms 2000은 Incoterms 1990과 비교할 때 약간의 변경 사항이 보인다. 즉, 외견상 13개 무역조건과 그룹화한 것은 동일하지만 내용면에서는 상당한 변화가 이루어졌다. 특히 다음과 같은 분야에서 변화가 이루어졌다.

FAS 조건에서 1936년 제정 이래 수출국의 수출 통관 의무를 매수인이 부담했으나 최근의 국제무역 관행을 반영해 이번에는 매도인이 부담하도록 개정했다.

· DEQ 조건에서 1936년 제정 이래 수입국의 수입 통관 및 관세 지급 의무를 매도인이 부담했으나 최근의 국제무역 관행을 반

영해 이번에는 매수인이 부담하도록 개정했다.

· 국제복합운송을 비롯해 모든 운송 방법에 널리 사용될 수 있도록 1980년에 제정된 FCA 조건하에서의 물품의 적재 및 하역 의무가 그 동안 많은 분쟁을 야기했기에 이번에는 이를 명확히 했다. 즉, 매도인의 건물에서 물품이 인도될 경우 매도인은 적재에 대한 책임이 있으며, 한편 물품 인도가 여타 장소에서 발생할 경우 매도인은 하역에 대한 책임이 없음을 명확히 했다.

이들 외에도 CPT, CIP, DAF, DDU 및 DDP 등에서 그 동안 많은 분쟁을 야기했던 물품의 적재 및 하역 의무에 대해 명확히 한 것이 Incoterms 2000의 특징이다. 즉, 종전의 Incoterms는 위험 및 비용의 분기점이 물품이 본선 난간을 통과할 시점인 FOB, CFR및 CIF 등에 집중했다. 그러나 Incoterms 2000은 오늘날 일반적인 복합운송 체제하에서 위험 및 비용의 분기점이 매도인이 물품을 매수인이 지정한 장소 및 지정 운송인에게 인도하는 시점인 FCA, CPT 및 CIP에 집중했으며, 적재 및 하역 의무를 분명히 했다.

또한 Incoterms 2000의 13개 무역조건에 사용되는 다양한 표현에 대해 가능한 일관성을 유지하고 동일한 의미를 전달하기 위한 목적으로 동일 용어 사용을 지향하고 상이한 표현의 사용은 회피했으며, 가능한 1980년의 '국제물품 매매계약에 관한 UN협약'에 나와 있는 것과 같은 동일한 표현을 사용하였다. 그럼에도 용어 해석에서 분쟁이 없도록 주요 용어는 서문에 그 개념을 정의해 놓은 것이 특징이다.

또한 Incoterms 2000을 사용할 때는 다음의 예와 같이 인도 장소 및 Incoterms 2000을 명확히 기재하도록 하였다.

EXW Samsung Electronics Company's Factory, Suwon, Korea, Incoterms 2000

FCA Incheon Airport, Korea, Incoterms 2000

FOB Busan, Korea, Incoterms 2000

CIF Seattle, U.S.A., Incoterms 2000

CIP Smith Carriers, Inc. Main Warehouse, New York, Incoterms 2000

DAF Panmoonjeom, Korea, Incoterms 2000

DDP Frankfurt, Schmidt GmbH Warehouse 4, Incoterms 2000

2000년 Incoterms의 무역조건은 13개(2개 수정)로서 다음과 같다.

1. EXW : Ex Works(…named point)

2. FCA : Free Carrier(…named point)

3. FAS : Free Alongside Ship(…named port of shipment) (수정)

4. FOB : Free On Board(…named port of shipment)

5. CFR : Cost and Freight(…named port of destination)

6. CIF : Cost, Insurance and Freight(…named port of destination)

7. CPT : Carriage Paid to(…named place of destination)

8. CIP : Carriage and Insurance Paid to(…named place of destination)

9. DAF : Deliverd At Frontier(…named place of delivery at frontier)

10. DES : Delivered Ex Ship(…named port of destination)

11. DEQ : Delivered Ex Quay(duty unpaid)(…named port of destination)(수정)

12. DDU : Delivered Duty Unpaid(…named place of destination)

13. DDP : Delivered Duty Paid(…named place of destination in the country of importation)

part 2

Incoterms 2010의 특징과 개정 내용

1920년 창립한 국제상업회의소에서 창립 당시부터 국제무역 발전을 저해하는 가장 큰 장애 요소로 주목한 것이 FOB, CIF 등의 무역조건에 대한 해석이 국가마다 상이하다는 점이었다. 이에 무역조건에 대해 각국에서 채택하는 용어와 그 내용을 조사하고, 그 결과에 근거해 1936년 무역조건의 해석에 관한 규칙으로 제정한 것이 바로 Incoterms이다.

1. 2개 조건 신설 및 4개 조건 폐지
DAT · DAP 신설, DAF · DES · DEQ · DDU 폐지

약 2년 동안의 개정 작업을 통해 완성된 Incoterms 2010은 Incoterms 2000과 비교할 때 많은 변화를 보인다. 즉, 외견상 11개 무역조건과 2개를 그룹화한 것이 특징이며, 내용면에서도 상당한 변화가 일어났다.

먼저 Incoterms 규칙의 수가 13개 조건에서 11개 조건으로 감소한 것은 운송 방식의 종류에 관계없이 사용할 수 있는 2가지 조건, 즉 DAT(Delivered at Terminal : 도착 터미널 인도조건)와 DAP(Delivered at Place : 도착 장소 인도조건)가 신설되고, Incoterms 2000의 4가지 조건, 즉 DAF · DES · DEQ · DDU가 그 양자에 의해 대체되어 폐지되었기 때문이다.

신설된 2가지 조건에서, 인도는 지정 목적지에서 일어나는 바, DAT에서는(종래의 DEQ 규칙과 같이) 도착 차량에서 양화된 상태로 매수인의 처분 아래에 놓인 때, 그리고 DAP에서는(종래의 DAF, DES, DDU와 같이) 마찬가지로 매수인의 처분 아래에 놓인 때이지만 도착 운송수단에 실린 채 양화할 준비가 된 때에 인도가 일어난다.

위와 같은 2가지 조건이 신설됨에 따라 Incoterms 2000의 DES와 DEQ가 불필요하게 되었다.

DAT에서 지정 터미널은 항구일 수도 있고 공항일 수도 있다. 따라서 DAT는 지정 터미널이 항구일 경우 Incoterms 2000의 DEQ와 동일한 조건이므로 종전에 DEQ가 사용 가능하던 경우에 안전하게 사용될 수 있다.

마찬가지로 DAP에서 도착 '차량(vehicle)'은 선박이어도 무방하고 항공기나 기차 또는 트럭이어도 무방하다,

DAP 다음에 지정 목적지가 항구일 경우는 Incoterms 2000의 DES와 동일한 조건이므로 종전에 DES가 사용 가능하던 경우에 안전하게 사용될 수 있다.

신설된 DAT와 DAP 조건은 그에 대체된 종전의 DEQ, DES, DAF, DDU와 마찬가지로 '도착지 인도' 규칙인 바, 매도인은 물품을 지정 목적지까지 운송하는 데 필요한 모든 비용(해당되는 경우에 발생하는 수입 통관 비용은 제외)과 위험을 부담한다.

2. Incoterms 2010은 11개 조건과 두 부류로 대별

Incoterms 2010은 다음과 같이 11개 조건과 두 부류로 크게 구별된다.

RULES FOR ANY MODE OR MODES OF TRANSPORT
(여하한 단일 또는 복수의 운송 방식에 사용 가능한 규칙)

1. EXW : EX WORKS(공장 인도조건)

2. FCA : FREE CARRIER(운송인 인도조건)

3. CPT : CARRIAGE PAID TO(운송비 지급 인도조건)

4. CIP : CARRIAGE AND INSURANCE PAID TO(운송비 · 보험료 지
급 인도조건)

5. DAT : DELIVERED AT TERMINAL(도착 터미널 인도조건)

6. DAP : DELIVERED AT PLACE(도착 장소 인도조건)

7. DDP : DELIVERED DUTY PAID(관세 지급 인도조건)

RULES FOR SEA AND INLAND WATERWAY TRANSPORT (해상 운송과 내륙수로 운송에 사용 가능한 규칙)

8. FAS : FREE ALONGSIDE SHIP(선측 인도조건)

9. FOB : FREE ON BOARD(본선 인도조건)

10. CFR : COST AND FREIGHT(운임 포함 인도조건)

11. CIF : COST INSURANCE AND FREIGHT(운임 · 보험료 포함 인도조
건)

첫째 부류는 선택된 운송 방식이 어떤 것인지를 불문하고, 또한
그 운송 방식이 단일 운송인지 복합 운송인지를 가리지 않고 사용
가능한 7가지 무역조건이다.

EXW, FCA, CPT, CIP, DAT, DAP, DDP가 여기에 속한다.

이들은 해상 운송이 전혀 포함되지 않는 경우에도 사용 가능하
다. 그러나 이들은 운송의 일부에 선박이 이용되는 경우에도 사용

될 수 있음을 유의해야 한다.

　둘째 부류는 물품의 인도 장소와 도착 장소가 모두 항구로, 이에 '해상 운송과 내륙수로 운송' 무역조건이라고 명명되었으며, 4가지 무역조건인 FAS, FOB, CFR, CIF가 여기에 속한다.

　그 중 FOB, CFR, CIF 조건에서 인도 시점으로서의 '물품이 본선의 난간을 통과할 때에(when the goods pass over the ship's rail)'라는 문구가 전부 삭제되고, 대신에 '물품이 본선에 적재된 때에(when the goods are on board the vessel)' 인도되는 것으로 변경되었다.

　이는 현대의 상업적 실무를 적극 반영함과 동시에, 본선 난간 위의 가상의 수직선 위에서 위험이 이전한다는 구시대의 관념을 폐기하는 것이다.

3. 국내거래 및 국제거래에 사용 가능한 규칙

Incoterms 규칙은 전통적으로 국제 매매계약, 즉 물품이 국경을 넘어가는 경우에 사용되어 왔다. 그러나 세계 각처에서 유럽연합과 같은 자유무역지대(trade bloc)가 등장하면서 국제거래에서 국경의 의미가 퇴색되었다.

이에 따라 Incoterms 2010 규칙은 그 부제(副題)에서, 이 규칙이 국제 매매계약 및 국내 매매계약에 모두 사용 가능하다고 공식적으로 인정하고 있다. 따라서 Incoterms 2010 규칙은 여러 곳에서, 수출/수입 통관을 이행할 의무는 해당되는 경우에 한해 필요하다는 것을 명시하고 있다.

ICC가 이러한 방향 선회를 시의적절하다고 본 것은 다음 2가지 변화 때문이다.

    첫째, 거래 당사자는 순수한 국내 매매계약에서도 Incoterms 규칙을 통상적으로 사용한다. 둘째, 국내거래에서 종래의 미국 통일상법전(Uniform Commercial Code, UCC)의 선적조건과 인도조건 대신에 Incoterms 규칙을 사용하고자 하는 미국의 강한 의지 때문이다.

4. 적합한 조건을 사용하도록 11개 조건 서두에 사용 지침 제시

각 Incoterms 2010 규칙 앞에는 사용 지침(Guidance Note)이 있다. 예컨대 어떠한 경우에 당해 규칙이 사용되는지, 위험은 언제 이전하는지, 매도인과 매수인 사이에서 비용은 어떻게 분담하는지의 문제와 같은 각 Incoterms 규칙의 근간을 설명한다.

이 사용 지침은 Incoterms 2010의 실질 규칙으로는 들어가지 않지만, 사용자들로 하여금 당해 거래에 적합한 Incoterms 규칙을 정확하고 효율적으로 사용할 수 있도록 유도하는 데 목적이 있다.

5. 전자적 통신이 종이에 의한 통신과 동일한 효력 부여

이전의 Incoterms 규칙에서는 EDI 메시지에 따라 대체 가능한 서류를 명시했다. 그러나 Incoterms 2010의 각 규칙 A1/B1에서는 당사자들 간에 합의가 이루어졌거나 관행적인 범위 내에서는 전자적 형태의 통신이 종이로 이루어진 통신과 동일한 효력을 갖는다. 이러한 개정은 Incoterms 2010 규칙의 시행 기간 중에 새로운 전자적 절차의 개발을 활성화했다.

6. 2009년 개정된 협회적하약관 변동 사항 반영 및 보험에 관한 정보 제공 의무 부과

Incoterms 2010 규칙은 2009년에 개정된 '협회적하약관(Institute Cargo Clauses)'의 변동 사항을 반영했다. Incoterms 2010 규칙은 운송계약과 보험계약을 다루는 각 A3/B3에서 보험에 관한 정보 제공 의무를 부과하고 있다. 이러한 규정은 Incoterms 2000 규칙의 각 A10/B10에 내재하던 일반적 규정이 여기로 이동한 것이다.

보험에 관해 A3/B3에 사용된 문구는 이러한 점에 대해 당사자들의 의무를 명확히 하기 위해 조정되었다.

7. 보안 관련 통관과 그에 필요한
정보 제공 의무 부과

물류상 보안에 관한 우려가 증대하면서 그에 따라 물품이 그 고유한 성격 외의 이유로 생명이나 재산에 위협이 되지 않는다는 확인이 요구되었다. 따라서 Incoterms 2010 규칙에서는 각 Incoterms 규칙의 A2/B2와 A10/B10 규정에서 매도인과 매수인 사이에 보관 사슬 정보(chain of custody information)를 입수하는 것과 같은 보안 관련 통관을 이행하거나 그 이행에 협조할 의무를 할당했다.

8. THC^(Terminal Handling Charge) 이중 지급 방지 도모

Incoterms의 CPT, CIP, CFR, CIF, DAT, DAP, DDP 규칙에서 매도인은 약정된 목적지까지 물품을 운송하는 계약을 체결해야 한다. 이때 운임은 매도인이 부담하지만, 운송 비용은 통상 매도인의 총 매매 가격에 산입되어 있기 때문에 실제로는 매수인이 부담한다.

운송 비용은 간혹 항구나 컨테이너터미널 내에서 물품을 취급하고 운반하는 데 드는 비용을 포함하며, 운송인과 터미널 운영자는 으레 이러한 비용을 물품을 수령하는 매수인에게 청구한다.

이러한 상황에서, 매수인은 동일한 서비스에 대한 이중 지급, 즉 총 매매 가격의 일부로서 매도인에게 한 번 지급하고 그와 별도로 운송인이나 터미널 운영자에게 또다시 지급하게 되는 것을 피하고자 한다.

Incoterms 2010 규칙은 A6/B6의 관련 Incoterms 규칙에서 그러한 비용을 할당함으로써 이중 지급이 발생하지 않도록 도모한다.

9. 연속 매매^(String sales)의 경우 '선적된 물품을 조달'할 의무 신설

제조물 매매에 대립되는 1차산품 매매(sale of commodity)의 경우, 흔히 화물은 운송 중에 '연속적으로(down a string)' 수차례 전매(轉賣)된다.

이러한 연속 매매의 경우, 그 연속 거래의 중간에 있는 매도인은 물품의 '선적'에는 관여하지 않는다. 물품은 이미 그 연속 거래상의 최초의 매도인이 선적했기 때문이다. 따라서 연속 거래의 중간에 있는 매도인은 물품을 선적하는 대신에 그렇게 선적된 물품을 '조달(procure)'함으로써 매수인에 대한 의무를 이행한다.

이런 점을 명확하게 할 목적에서, Incoterms 2010 규칙은 관련 Incoterms 규칙에서 물품을 선적할 의무에 대신하는 의무로서 '선적된 물품을 조달(procure goods shipped)'할 의무를 신설하였다.

part 3

Incoterms 2010에 사용된 용어 설명

1920년 창립한 국제상업회의소에서 창립 당시부터 국제무역 발전을 저해하는 가장 큰 장애 요소로 주목한 것이 FOB, CIF 등의 무역조건에 대한 해석이 국가마다 상이하다는 점이었다. 이에 무역조건에 대해 각국에서 채택하는 용어와 그 내용을 조사하고, 그 결과에 근거해 1936년 무역조건의 해석에 관한 규칙으로 제정한 것이 바로 Incoterms이다.

Incoterms 2010에 사용된 용어 설명

Incoterms 2000의 규칙과 마찬가지로 Incoterms 2010에서도 매도인과 매수인의 의무는 대칭적으로 규정되어 있어서, A 항목은 매도인의 의무를, B 항목은 매수인의 의무를 다룬다.

각각의 의무는 매도인이나 매수인이 직접 이행하거나, 경우에 따라 당해 계약조건이나 준거법의 제한하에 운송인이나 운송 주선업자, 기타 매도인이나 매수인이 특별한 목적으로 지정하는 자와 같은 중간 행위자를 통하여 이행할 수 있다.

Incoterms 2010 규칙의 전문(全文)은 자명하게 작성되어 있다. 그러나 사용상 편의를 위해 이 문서에 사용된 일부 용어의 의미에 대해서는 다음과 같이 설명을 붙였다.

Carrier(운송인) : Incoterms 2010 규칙에서, 운송인은 운송계약을
체결한 당사자이다.

Customs formalities(통관) : 이는 관련 세관 규정을 준수하기 위해
요구되는 사항으로, 서류나 보안, 정보, 물리적 검
사에 관한 의무를 포함한다.

Delivery(인도) : 이 개념은 거래법과 실무에서 여러 의미를 갖지만,
Incoterms 2010 규칙에서는 물품의 멸실 또는 손
상의 위험이 어느 시점에서 매도인에게서 매수인에
게로 이전하는지를 표시하는 목적으로 사용된다.

Delivery document(인도 서류) : 이 표현은 이제 A8항의 제목으로 사
용되어 있다. 이는 인도가 이루어진 사실을 증명하
는 용도의 서류를 의미한다. 다수의 Incoterms
2010 규칙에서, 인도 서류는 운송 서류나 그에 상당
하는 전자기록이다. 그러나 EXW와 FCA, FAS,
FOB의 경우에 인도 서류는 단순한 영수증일 수도
있다. 인도 서류는 또한 지급 매커니즘의 일부로서
다른 기능을 수행하기도 한다.

Electronic record or procedure^(전자적 기록 또는 절차) : 하나 또는 그 이상의 전자 메시지로 이루어지고, 경우에 따라서는 종이 서류에 상당하는 기능을 하는 일체의 정보를 말한다.

Packaging^(포장) : 이 용어는 다음과 같은 다양한 목적으로 사용된다.

1. 매매계약의 일정한 조건을 준수하기 위해 물품을 포장하는 것
2. 물품이 운송에 적합하도록 포장하는 것
3. 포장된 물품을 컨테이너나 기타 운송수단에 적입하는 것

Incoterms 2010 규칙에서 포장은 위의 첫째와 둘째를 의미한다. Incoterms 2010 규칙은 컨테이너에 적입할 당사자의 의무를 다루지 않으며, 따라서 필요한 경우 이러한 의무는 당사자들이 매매계약에서 직접 다루어야 한다.

part 4

Incoterms 2010 조건별 세부 내용

1920년 창립한 국제상업회의소에서 창립 당시부터 국제무역 발전을 저해하는 가장 큰 장애 요소로 주목한 것이 FOB, CIF 등의 무역조건에 대한 해석이 국가마다 상이하다는 점이었다. 이에 무역조건에 대해 각국에서 채택하는 용어와 그 내용을 조사하고, 그 결과에 근거해 1936년 무역조건의 해석에 관한 규칙으로 제정한 것이 바로 Incoterms이다.

RULES FOR ANY MODE OR MODES OF TRANSPORT

(여하한 단일 또는 복수의 운송 방식에 사용 가능한 규칙)

Mode of Transport(운송 방법)

1. EXW : EX WORKS(공장 인도조건)

2. FCA : FREE CARRIER(운송인 인도조건)

3. CPT : CARRIAGE PAID TO(운송비 지급 인도조건)

4. CIP : CARRIAGE AND INSURANCE PAID TO(운송비 · 보험료 지급 인도조건)

5. DAT : DELIVERED AT TERMINAL(도착 터미널 인도조건)

6. DAP : DELIVERED AT PLACE(도착 장소 인도조건)

7. DDP : DELIVERED DUTY PAID(관세 지급 인도조건)

1. EXW: EX WORKS(insert named place)
공장 인도조건(지정 장소 기입)

Mode of Transport(운송 방법)

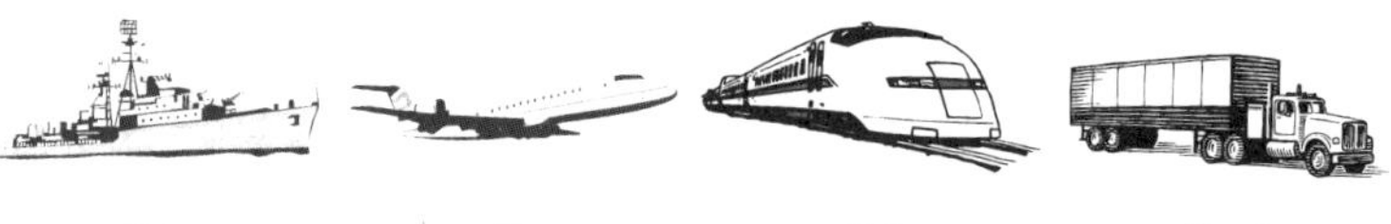

This rule may be used irrespective of the mode of transport selected and may be used where more than one mode of transport is employed. *It is suitable for domestic trade, while FCA is usually more appropriate for international trade.*

이 규칙은 선택한 운송 방식에 상관없이 사용할 수 있으며, 하나 이상의 운송 방식을 채택한 경우에도 사용할 수 있다. 이 규칙은 국내거래에서 적합하고, 국제거래에서는 일반적으로 *FCA*가 더 적합하다.

'Ex Works' means that the seller delivers when it places the goods at the disposal of the buyer at the seller's premises or another named place(i.e., works, factory, warehouse, etc.). The seller does not need to load the goods on any collecting vehicle, nor does it need to clear the goods for export, where such clearance is applicable.

'공장 인도조건'은 매도인이 그의 건물 또는 여타 지정 장소(예컨대 작업장, 공장, 창고 등)에서 물품을 매수인의 처분하에 두는 때에 매도인이 인도한 것으로 되는 것을 의미한다. 매도인은 물품을 집하용 차량

*에 적재할 필요가 없으며, 또한 수출 통관이 요구될 경우 물품을 수
출 통관할 필요도 없다.*

The parties are well advises to specify as clearly as possible the point within the named place of delivery, as the costs and risks to that point are for the account of the seller. The buyer bears all costs and risks involved in taking the goods from the agreed point, if any, at the named place of delivery.

당사자들은 지정 인도 장소 내의 지점을 가급적 명백하게 명시하는 것이 바람직하다. 그러한 지점까지 비용과 위험을 매도인이 부담하기 때문이다. 매수인은 지정 인도 장소에서 합의된 지점이 있을 때는 그 합의된 지점부터, 물품의 인수에 수반되는 모든 비용과 위험을 부담한다.

EXW represents the minimum obligation for the seller. The rules should be used with care as :

EXW는 매도인에게 최소 의무를 나타낸다. 이 규칙은 다음과 같이 주의하여 사용해야 한다.

a) The seller has no obligation to the buyer to load the goods, even though in practice the seller may be in a better position to do so. If the seller does load the goods, it does so at the buyer's risk and expense. In cases where the seller is in a better position to load the goods, FCA, which obliges the seller to do so at its own risk and expense, is usually more appropriate.

a) 매도인은 매수인으로 하여금 물품을 적재하게 할 의무가 없으며, 비록 실제로 물품을 적재하는 데 있어 매도인이 보다 나은 입장에 있다 하더라도 이는 마찬가지다. 만약 매도인이 물품을 적재하는 경우 매수인의 위험과 비용으로 물품을 적재한다. 물품을 적재하기에 매도인이 보다 나은 입장에 있는 경우, 매도인이 자신의 위험과 비용으로 물품 적재의 의무를 부담하는 FCA가 통상적으로 더 적절하다.

b) A buyer who buys from a seller on an EXW basis for export needs to be aware that the seller has an obligation to provide only such assistance as the buyer may require to effect that export: the seller is not bound to organize the export clearance. Buyers are therefore well advised not to use EXW if they cannot directly or indirectly obtain export clearance.

b) 수출을 목적으로 매도인으로부터 EXW 조건으로 구매하는 매수인은, 수출을 이행하게끔 요구하는 매수인의 요청에 따라 매도인

은 단지 협조를 제공할 의무를 부담할 뿐이며, 매도인이 수출 통관을 주도할 의무가 없다는 것을 인지해야 한다. 따라서 매수인이 직접 또는 간접으로 수출 통관을 수행할 수 없는 경우에는 EXW를 사용하지 않는 것이 바람직하다.

c) The buyer has limited obligations to provide to the seller any information regarding the export of the goods. However, the seller may need this information for, e.g., taxation or reporting purposes.

c) 매수인은 물품의 수출에 관한 여하한 정보를 매도인에게 제공할 제한적 의무를 가진다. 매도인의 경우 이 정보를 조세 또는 보고의 목적으로 필요할 수 있다.

A	THE SELLERS'S OBLIGATION 매도인의 의무	B	THE BUYER'S OBLIGATION 매수인의 의무
A1	General Obligation of the seller 매도인의 일반 의무 The seller must provide the goods and the commercial invoice in conformity with the contract of sale and any other evidence of conformity that may be required by the contract. 매도인은 매매계약에 일치하는 물품 및 상업송장과 그 밖의 계약에서 요구되는 여타 일치되는 증빙을 제공해야 한다. Any document referred to in A1-A10 may be an equivalent electronic record or procedure if agreed between the parties or customary. 당사자 간에 합의되었거나 관행이 있는 경우, A1·A10에 언급된 서류는 동일한 전자적 기록이나 절차일 수 있다.	B1	General Obligation of the buyer 매수인의 일반 의무 The buyer must pay the price of the goods as provided in the contract of sale. 매수인은 매매계약에서 약정한 바에 따라 물품 대금을 지급해야 한다. Any document referred to in B1-B10 may be an equivalent electronic record or procedure if agreed between the parties or customary. 당사자 간에 합의되었거나 관행이 있는 경우, B1~B10에 언급된 서류는 동일한 전자적 기록이나 절차일 수 있다.
A2	Licences, authorizations, security clearances and other formalities 허가, 인가, 보안 통관 및 기타 절차 Where applicable, the seller must provide the buyer, at the buyer's request, risk and expense,	B2	Licences, authorizations, security clearances and other formalities 허가, 인가, 보안 통관 및 기타 절차 Where applicable, it is up to the buyer to obtain, at its own risk and expense, any export and

assistance in obtaining any export licence, or other official authorization necessary for the export of the goods. 해당되는 경우에, 매도인은 매수인의 요청에 따라 매수인의 위험과 비용으로, 매수인이 물품의 수출에 필요한 수출 허가나 기타 공적 인가를 획득하는 데 협조해야 한다. Where applicable, the seller must provide the buyer, at the buyer's request, risk and expense, any information in the possession of the seller that is required of security clearance of the goods. 해당되는 경우에, 매도인은 매수인의 요청에 따라 매수인의 위험과 비용으로 자신이 보유하고 있는 물품의 보안 통관에 요구되는 정보를 제공해야 한다.	import licence, or other official authorization and carry out all customs formalities for the export of the goods. 해당되는 경우에, 매수인 자신의 위험과 비용으로 수출·수입 허가나 기타 공적 인가를 획득하고 물품의 수출 통관 절차를 수행하는 것은 매수인의 몫이다.
A3 Contracts of carriage and insurance **운송계약과 보험계약** a) Contract of carriage 　운송계약 The seller has no obligation to the buyer to make a contract of carriage. 매도인은 매수인에 대해 운송계약	**B3 Contracts of carriage and insurance** **운송계약과 보험계약** a) Contract of carriage 　운송계약 The buyer has no obligation to the seller to make a contract of carriage.

을 체결하게 할 의무가 없다.	매수인은 매도인에 대해 운송계약 을 체결하게 할 의무가 없다.
b) Contract of insurance 　보험계약 The seller has no obligation to the buyer to make a contract of insurance. However, the seller must provide the buyer, at the buyer's request, risk and expense(if any), with information that the buyer needs for obtaining insurance. 매도인은 매수인에 대해 보험계약을 체결하게 할 의무가 없다. 그러나 매도인은 매수인의 요청에 따라 매수인의 위험과 비용(있는 경우)으로 매수인이 보험계약을 취득하는 데 필요한 정보를 제공해야 한다.	b) Contract of insurance 　보험계약 The buyer has no obligation to the seller to make a contract of insurance. 매수인은 매도인에 대해 보험계약을 체결하게 할 의무가 없다.
A4　Delivery 　　인도 *The seller must deliver the goods by placing them at the disposal or the buyer at the agreed point, if any, at the named place of delivery, <u>not loaded on any collecting vehicle</u>. If no specific point has been agreed within the named place of delivery, and if there are several points available, the*	**B4　Taking delivery** 　　인수 The buyer must take delivery of the goods when A4 and A7 have been complied with. A4와 A7이 이행되는 때에 매수인은 그 물품을 인수해야 한다.

seller may select the point that best suits its purpose. The seller must deliver the goods on the agreed date or within the agreed period.

매도인은 지정된 인도 장소, 특히 합의된 장소가 있는 경우 그 지점에서 물품을 수취용 차량에 적재하지 않은 채 매수인이 처분할 수 있도록 인도한다. 지정된 인도 장소 내에 합의된 특정한 지점이 없는 경우, 그리고 이용 가능한 복수의 지점이 있는 경우 매도인은 그의 목적에 가장 적합한 지점을 선택할 수 있다. 매도인은 합의된 기일이나 합의된 기간 내에 물품을 인도해야 한다.

A5 Transfer of risks 위험 이전	**B5 Transfer of risks** 위험 이전

A5 Transfer of risks
위험 이전

The seller bears all risks of loss of or damage to the goods until they have been delivered in accordance with A4 with the exception of loss or damage in the circumstance described in B5.

매도인은 물품이 A4에 따라 인도되는 시점까지 물품의 멸실 또는 손상의 모든 위험을 부담하되, B5에 규정된 상황에서 발생하는 멸실 또는 손상은 예외로 한다.

B5 Transfer of risks
위험 이전

The buyer bears all risks of loss of or damage to the goods from the time they have been delivered as envisaged in A4.

매수인은 물품이 A4의 규정에 따라 인도된 시점부터 물품의 멸실 또는 손상의 모든 위험을 부담한다.

If the buyer fails to give notice in accordance with B7, then the

	buyer bears all risks of loss of or damage to the goods from the agreed date or the expiry date of the agreed period for delivery, provided that the goods have been clearly identified as the contract goods. 매수인이 B7에 따른 통지를 하지 않는 경우, 물품이 계약 물품과 일치하는 조건으로 매수인은 합의된 인도 기일이나 합의된 인도 기간의 만료일부터 물품의 멸실 또는 손상의 모든 위험을 부담한다.
A6 Allocation of costs 비용 분담 The seller must pay all costs relating to the goods until they have been delivered in accordance with A4, other than those payable by the buyer as envisaged in B6. 매도인은 물품이 A4에 따라 인도되는 시점까지 물품과 관련한 모든 비용을 부담해야 한다. 그러나 B6의 규정에 따라 매수인이 부담하는 비용은 제외한다.	**B6 Allocation of costs** 비용 분담 The buyer must: 매수인은 a) pay all costs relating to the goods from the time they have been delivered as envisaged in A4. a) A4에 규정된 바와 같이 물품이 인도되는 시점부터 물품과 관련한 모든 비용을 지불해야 한다. b) pay any additional costs incurred by failing either to take delivery to the goods when they have been placed at its disposal or to give appropriate notice in

accordance with B7, provided that the goods have been clearly identified as the contract goods.
b) 물품이 그의 처분하에 놓인 시점에서 물품을 수령하지 않거나 B7에 따른 적절한 통지를 하지 않음으로써 발생하는 추가 비용을 지불해야 한다. 다만 이를 위해 물품은 계약 물품으로 명확히 특정되어 있어야 한다.

c) pay, where applicable, all duties, taxes and other charges, as well as the costs of carrying out customs formalities payable upon export; and
c) 해당되는 경우에, 물품의 수출에 부과되는 모든 관세와 세금, 기타 공과금 및 수출 통관 비용을 지불해야 한다.

d) reimburse all costs and charges incurred by the seller in providing assistance as envisaged in A2.
d) A2의 규정에 따른 협조를 제공하기 위해 매도인에게 발생한 모든 비용과 부대 비용을 상환해야 한다.

A7 Notices to the buyer 매수인에 대한 통지	B7 Notices to the seller 매도인에 대한 통지
The seller must give the buyer any notice needed to enable the buyer to take delivery of the goods. 매도인은 매수인이 물품의 인도를 수령할 수 있도록 필요한 통지를 해야 한다.	The buyer must, whenever it is entitled to determine the time within an agreed period and/or the point of taking delivery within named place, give the seller sufficient notice thereof. 매수인은 합의된 인도 기간 내의 인도 시기 및 지정 인도 장소 내의 수령 지점을 결정할 권리를 가진 때에는 매도인에게 그에 관한 충분한 통지를 해야 한다.
A8 Delivery document 인도서류	B8 Proof of delivery 인도의 증빙
The seller has no obligation to the buyer. 매도인은 매수인에 대한 의무가 없다.	The buyer must provide the seller with appropriate evidence of having taken delivery. 매수인은 매도인에게 인도의 수령에 관한 적절한 증빙을 제공해야 한다.
A9 Checking-packing-marking 검사 · 포장 · 화인	B9 Inspection of goods 물품 검사
The seller must pay the costs of those checking operations (such as checking quality, measuring, weighting, counting,) that are	The buyer must pay the costs of any mandatory pre-shipment inspection, including inspection mandated by the authorities of the country of export.

necessary for the purpose of delivering the goods in accordance with A4.

매도인은 A4에 따라 물품을 인도하기 위한 목적에서 필요한 검사(예컨대 품질, 용적, 중량, 수량 검사)에 드는 비용을 부담해야 한다.

The seller must, at its own expense, package the goods, unless it is usual for the particular trade to transport the type of goods sold unpackaged. The seller may package the goods in the manner appropriate for their transport, unless the buyer has notified the seller of specific packaging requirements before the contract of sale is concluded. Packaging is to be marked appropriately.

매도인은 자신의 비용으로 물품을 포장해야 한다. 다만 특정한 거래에서 물품이 통상적으로 포장되지 않은 형태로 매매되어 운송되는 경우에는 그러하지 않는다. 매도인은 당해 운송에 적절한 방법으로 물품을 포장할 수 있다. 다만 매수인이 매매계약 체결 전에 포장에 관한 특정한 요건을 통지한 경우에는 거기에 따라야 한다. 포장에는 적절히 화인이 표시되어야 한다.

매수인은 수출국이 강제하는 것을 포함해 강제적인 선적전검사에 드는 비용을 부담해야 한다.

| A10 Assistance | B10 Assistance with information and related costs |
| 정보에 관한 협조 및 관련 비용 | 정보에 관한 협조 및 관련 비용 |

<table>
<tr><td>

A10 Assistance

정보에 관한 협조 및 관련 비용

The seller must, where applicable, in a timely manner, provide to or render assistance in obtaining for the buyer, at the buyer's request, risk and expense, any documents and information, including security-related information, that the buyer needs for the export and/or import of the goods and/or for their transport to the final destination.

매도인은 해당되는 경우에, 시기적절한 방법으로 매수인의 요청에 따라 매수인의 위험과 비용으로 매수인이 물품의 수출, 수입, 최종 목적지까지 운송에 필요한 여하한 서류와 보안 관련 정보를 포함한 여하한 정보를 제공하거나, 매수인이 그러한 서류와 정보를 획득하는 데 협조해야 한다.

</td><td>

B10 Assistance with information and related costs

정보에 관한 협조 및 관련 비용

The buyer must, in a timely manner, in a timely manner, advise the seller of any security information requirement so that the seller may comply with A10.

매수인은 매도인이 A10의 규정을 준수할 수 있도록, 시기적절한 방법으로 매도인에게 보안정보와 관련한 필요사항을 통지해야 한다.

The buyer must reimburse the seller for all costs and charges incurred by the seller in providing or rendering assistance in obtaining documents and information as envisaged in A10.

매수인은 매도인에게 매도인이 A10의 규정에 따라 서류와 정보를 제공하거나 그러한 서류와 정보의 획득에 협조하는 데 발생한 모든 비용과 부대 비용을 상환해야 한다.

</td></tr>
</table>

2. FCA : FREE CARRIER(insert named place)
운송인 인도조건(지정 장소 기입)

Mode of Transport(운송 방법)

GUIDANCE NOTE

사용 안내 지침

This rule may be used irrespective of the mode of transport selected and may also be used where more than one mode of transport is employed.

이 규칙은 선택한 운송 방식에 상관없이 사용할 수 있으며, 하나 이상의 운송 방식을 채택한 경우에도 사용할 수 있다.

'Free Carrier' means that the seller delivers the goods to the carrier or another person nominated by the buyer at the seller's premises or another named place. The parties are well advises to specify as clearly as possible the point within the named place of delivery, as the risk passes to the buyer at that point.

'운송인 인도'는 매도인이 물품을 그의 영업소 또는 기타 지정 장소에서 매수인이 지정한 운송인이나 제3자에게 인도하는 것을 의미한다. 따라서 당사자들은 지정 인도 장소 내의 지점을 가급적 명백하게 명시하는 것이 바람직하다. 그러한 지점에서 위험이 매수 인에게 이전되기 때문이다.

If the parties intend to deliver the goods at the seller's

premises, they should identify the address of those premises as the named place of delivery. If, on the other hand, the parties intend the goods to be delivered at another place, they must identify a different specific place of delivery.

매도인의 영업구 내에서 물품을 인도하고자 하는 경우, 당사자들은 영업장의 주소를 지정된 인도 장소로 명시해야 한다. 그러나 다른 어떤 장소에서 물품을 인도하고자 하는 경우, 당사자들은 그 인도 장소를 명시해야 한다.

FCA requires *the seller to clear the goods for export, where applicable.* However, the seller has no obligation to clear the goods for import, pay any import duty or carry out import formalities.?

FCA에 해당되는 경우 물품의 수출 통관은 매도인이 해야 한다. 그러나 매도인은 물품의 수입 통관이나 수입 관세 지급, 또는 수입 통관 절차를 수행할 의무가 없다.

A THE SELLERS'S OBLIGATION 매도인의 의무	B THE BUYER'S OBLIGATION 매수인의 의무
A1 General Obligation of the seller 매도인의 일반 의무 The seller must provide the goods and the commercial invoice in conformity with the contract of sale and any other evidence of conformity that may be required by the contract. 매도인은 매매계약에 일치하는 물품 및 상업송장과 그 밖의 계약에서 요구하는 여타 일치의 증빙을 제공해야 한다. Any document referred to in A1-A10 may be an equivalent electronic record or procedure if agreed between the parties or customary. 당사자 간에 합의되었거나 관행이 있는 경우, A1~A10에 규정된 서류는 동일한 전자적 기록이나 절차일 수 있다.	**B1** General Obligation of the buyer 매수인의 일반 의무 The buyer must pay the price of the goods as provided in the contract of sale. 매수인은 매매계약에서 약정한 바에 따라 물품의 대금을 지급해야 한다. Any document referred to in B1-B10 may be an equivalent electronic record or procedure if agreed between the parties or customary. 당사자 간 합의되었거나 관행이 있는 경우, B1~B10에 규정된 서류는 동일한 전자적 기록이나 절차일 수 있다.
A2 Licences, authorizations, security clearances and other formalities 허가, 인가, 보안 통관 및 기타 절차 Where applicable, the seller must	**B2** Licences, authorizations, security clearances and other formalities 허가, 인가, 보안 통관 및 기타 절차 Where applicable, it is up to the

obtain, at its own risk and expense, any export licence, or other official authorization and carry out all customs formalities necessary for the export of the goods.

여기에 해당하는 경우, 매도인은 자신의 위험과 비용으로 수출 허가나 기타 공적 인가를 획득해야 하고 물품의 수출에 필요한 모든 통관 절차를 수행해야 한다.

buyer to obtain, at its own risk and expense, any import licence, or other official authorization and carry out all customs formalities for the import of the goods and for their transport through any country.

여기에 해당하는 경우, 매수인 자신의 위험과 비용으로 수입 허가나 기타 공적 인가를 획득하고 물품의 수입과 제3국을 통과하는 운송에 필요한 모든 통관 절차를 수행하는 것은 매수인의 몫이다.

A3	Contracts of carriage and insurance 운송계약과 보험계약	B3	Contracts of carriage and insurance 운송계약과 보험계약

A3 Contracts of carriage and insurance
운송계약과 보험계약

a) Contract of carriage
운송계약

The seller has no obligation to the buyer to make a contract of carriage. However, if requested by the buyer or if it is commercial practice and the buyer does not give an instruction to the contrary in due time, the seller may contract for carriage on usual terms at the buyer's risk and expense. In either case, the seller may decline to make the

B3 Contracts of carriage and insurance
운송계약과 보험계약

a) Contract of carriage
운송계약

The buyer must contract at its own expense for the carriage of the goods from the named place of delivery, except when the contract of carriage is made by the seller as provided for in A3a).

매수인은 자신의 비용으로 물품을 지정 인도 장소로부터 운송하는 계약을 체결해야 하며, 다만 A3a)에 규정된 바에 따라 매도인이 운송계약을 체결하는 경우에는 예외이다.

contract of carriage and, if it does, shall promptly notify the buyer.

매도인은 매수인과 운송계약을 체결할 의무가 없다. 그러나 매수인의 요청이 있거나 상관행이 있는데 매수인이 적시에 그에 반대하는 지시를 하지 않은 경우, 매도인은 매수인의 위험과 비용으로 통상적인 조건의 운송계약을 체결할 수 있다. 각각의 경우, 매도인은 운송계약의 체결을 거절할 수 있고, 실제로 거절할 때에는 매수인에게 신속하게 이를 통지해야 한다.

b) Contract of insurance
　보험계약

The seller has no obligation to the buyer to make a contract of insurance. However, the seller must provide the buyer, at the buyer's request, risk and expense (if any), with information that the buyer needs for obtaining insurance.

매도인은 매수인이 보험계약을 체결하게 할 의무가 없다. 그러나 매도인은 매수인의 요청에 따라 매수인의 위험과 비용(있는 경우)으로 매수인이 보험계약을 취득하는 데

b) Contract of insurance
　보험계약

The buyer has no obligation to the seller to make a contract of insurance.

매수인은 매도인에 대해 보험계약을 체결하게 할 의무가 없다.

A4 Delivery	B4 Taking delivery
인도	인수

A4 Delivery

인도

The seller must deliver the goods to the carrier or another person nominated by the buyer at the agreed point, if any, at the named place on the agreed date or within the agreed period.

매도인은 물품을 지정장소에서, 특히 그 장소가 합의된 지점이 있는 경우 그 지점에서, 합의된 기일이나 합의된 기간 내에, 매수인이 지정한 운송인 또는 제3자에게 인도해야 한다.

Delivered is completed:
a) If the named place is the seller's premises, when the goods have been loaded on the means of transport provided by the buyer.
b) In any other case, when the goods are placed at the disposal of the carrier or another person nominated by the buyer on the seller's means of transport ready for unloading.

인도는 다음의 시점에 완료된다.
a) 지정장소가 매도인의 영업구내인 경우, 물품이 매수인이 제공한

B4 Taking delivery

인수

The buyer must take delivery of the goods when they have been delivered as envisaged in A4.

물품이 A4의 규정에 따라 인도된 경우 매수인은 그 물품을 인수해야 한다.

If no specific point has been notified by the buyer under B7 do within the named place of delivery, and if there are several points available, the seller select the point that best suits its purpose.
지정 인도 장소에 매수인이 B7에 따라 통지한 특정한 지점이 없는 경우나 이용 가능한 복수의 지점이 있는 경우, 매도인은 그의 목적에 가장 적합한 지점을 선택할 수 있다.

Unless the buyer notifies the seller otherwise, the seller may deliver the goods for carriage in such a manner as the quantity and/or nature of the goods may require.
매수인의 다른 통지가 없는 경우 매도인은 물품의 수량 및/성질상 요구되는 방법으로 물품을 인도할 수 있다.

A5 Transfer of risks 위험 이전	B5 Transfer of risks 위험 이전
The seller bears all risks of loss of or damage to the goods until they have been delivered in accordance with A4, with the exception of loss or damage in the circumstance described in B5. 매도인은 물품이 A4에 따라 인도되는 시점까지 물품의 멸실 또는 손상의 모든 위험을 부담하되, B5에 규정된 상황에서 발생하는 멸실 또는 손상은 예외로 한다.	The buyer bears all risks of loss of or damage to the goods from the time they have been delivered as envisaged in A4. 매수인은 물품이 A4의 규정에 따라 인도된 시점부터 물품의 멸실 또는 손상의 모든 위험을 부담한다. If 만약 a) The buyer fails in accordance with B7 to notify the nomination of a carrier or another person as envisaged in A4 or to give notice ; or a) 매수인이 B7를 위반하여, A4에서 규정하는 운송인이나 제3자를 지정하는 통지를 하지 않거나 그 밖의 통지를 하지 않는 경우, 또는 b) The carrier or person nominated by the buyer as envisaged in A4 fails to take the goods into its charge, b) A4의 규정에 따라 매수인이 지정한 운송인이나 제3자가 물품을

	수령하지 않는 경우, Then, the buyer bears all risks of loss of or damage to the goods: (i) From the agreed date, or in the absence of an agreed date, (ii) From the date notified by the seller under A7 within the agreed period; or, if no such date has been notified, (iii) From the expiry date of any agreed period for delivery, 매수인은 다음의 시기부터 물품의 멸실 또는 손상의 모든 위험에 대해 부담한다. (i) 합의된 인도 기일부터, 또는 합의된 인도 기일이 없는 경우 (ii) 합의된 인도 기간 내에서 A7에 따라 매도인이 통지한 기일부터, 또는 그러한 기일의 통지가 없는 경우 (iii) 합의된 인도 기간의 만료일부터 provided that the goods have been clearly identified as the contract goods. 이 경우 물품이 계약 물품과 명확히 일치해야 한다.

A6 Allocation of costs
비용 분담

The seller must pay
매도인은 다음의 비용을 부담해야
한다.

a) all costs relating to the goods
until they have been delivered in
accordance with A4, other than
those payable by the buyer as
envisaged in B6; and
a) 물품이 A4에 따라 인도되는 시
점까지 물품과 관련된 모든 비용.
단, B6의 규정에 따라 매수인이 부
담하는 비용은 제외한다.

B6 Allocation of costs
비용 분담

The buyer must pay
매수인은 다음의 비용을 부담해야
한다.

a) all costs relating to the goods
from the time they have been
delivered as envisaged in A4,
except, where applicable, the
costs of customs formalities
necessary for export, as well as
all duties, taxes, and other
charges payable upon export as
referred to in A6 b);
a) A4에 규정된 바와 같이 물품이 인
도되는 시점부터 물품과 관련된 모
든 비용. 예를 들어 해당되는 경우에
A6b)에 언급된 바와 같이 수출에 필
요한 통관 비용 및 수출 시 부과되는
모든 관세와 세금, 기타 공과금.

b) any additional costs incurred,
either because:
(i) the buyer fail to nominate a
carrier or another person as
envisaged in A4, or
(ii) the carrier or person nominated
by the buyer as envisaged in A4

	fails to take the goods into its charge, or (iii) the buyer has to failed to give appropriate notice in accordance with B7, b) 다음 경우에 발생하는 추가 비용 (i) 매수인이 A4에서 규정하는 운송인이나 제3자를 지정하지 않는 경우 (ii) A4의 규정에 따라 매수인이 지정한 운송인이나 제3자가 물품을 수령하지 않는 경우, 또는 (iii) 매수인이 B7에 따른 적절한 통지를 하지 않는 경우 provided that the goods have been clearly identified as the contract goods; and 다만 이를 위해 물품은 계약 물품으로 명확히 특정되어야 한다.
b) Where applicable, the costs of customs formalities necessary for export, as well as all duties, taxes, and other charges payable upon export. b) 해당되는 경우에, 수출에 필요한 통관 비용 및 수출 시 부과되는 모든 관세와 세금, 기타 공과금.	c) where applicable, all duties, taxes and other charges as well as the costs of carrying out customs formalities payable upon import of the goods and the costs for their transport through any country. c) 해당되는 경우에 물품의 수입에 부과되는 모든 관세와 세금, 기타 공과금과 수입 통관 비용 및 제3국을 통과하는 데 드는 운송 비용.

A7   Notices to the buyer
매수인에 대한 통지

The seller must, at the buyer's risk and expense, give the buyer sufficient notice either that the goods have been delivered in accordance with A4 or that the carrier or another person nominated by the buyer has failed to take the goods within the time agreed.

매도인은 매수인의 위험과 비용으로, 물품이 A4에 따라 인도된 사실이나 매수인이 지정한 운송인 또는 제3자가 합의한 시기 안에 물품을 수령하지 않은 사실을 매수인에게 충분히 통지해야 한다.

B7   Notices to the seller
매도인에 대한 통지

The buyer must notify the seller of

매수인은 매도인에게 다음과 같은 사항을 통지해야 한다.

a) the name of carrier or another person nominated as envisaged in A4 within sufficient time as to enable the seller to deliver the goods in accordance with that article:

a) A4의 규정에 따라 지정된 운송인 또는 제3자의 이름. 이는 매도인이 A4에 따라 물품을 인도할 수 있도록 충분한 기간을 두고 통지해야 한다.

b) where necessary, the selected time within the period agreed for delivery when the carrier or person nominated will take the goods;

b) 필요한 경우, 합의된 인도 기간 안에서 선택된 어느 시기로서 지정된 운송인이나 제3자가 물품을 수령하기로 예정된 시기.

c) the mode of transport to be used by the person nominated; and

c) 지정된 자가 채용할 운송 방식 및

d) the point of taking delivery

	within the named place. d) 인도를 수령할 지정 장소 내의 지점.
A8 Delivery document **인도 서류** The seller must provide the buyer, at the seller' s expense, with the usual proof that the goods have been delivered in accordance with A4. 매도인은 자신의 비용으로 매수인에게 물품이 A4에 따라 인도되었다는 통상의 증빙을 제공해야 한다. The seller must provide assistance to buyer, at the buyer's request, risk and expense, in obtaining a transport document. 매도인은 매수인의 요청에 따라 매수인의 위험과 비용으로 매수인이 운송 서류를 획득하는 데 협조해야 한다.	**B8 Proof of delivery** **인도의 증명** The buyer must accept the proof of the delivery as envisaged in A8. 매수인은 A8의 규정에 따라 제공된 인도의 증빙을 수령해야 한다.
A9 Checking · packing · marking **검사 · 포장 · 화인** The seller must pay the costs of those checking operations (such as checking quality, measuring, weighting, counting,) that are necessary for the purpose of delivering the goods in	**B9 Inspection of goods** **물품 검사** The buyer must pay the costs of any mandatory pre-shipment inspection, except when such inspection is mandated by the authorities of the country of

accordance with A4, as well as the costs of any pre-shipment inspection mandated by the authority of the country of export.
매도인은 A4에 따라 물품을 인도하기 위한 목적에서 필요한 검사 (예컨대 품질, 용적, 중량, 수량의 검사)에 드는 비용 및 수출국이 강제하는 선적전검사에 드는 비용을 부담해야 한다.

The seller must, at its own expense, package the goods, unless it is usual for the particular trade to transport the type of goods sold unpackaged. The seller may package the goods in the manner appropriate for their transport, unless the buyer has notified the seller of specific packaging requirements before the contract of sale is concluded. Packaging is to be marked appropriately.
매도인은 자신의 비용으로 물품을 포장해야 한다. 다만 특정한 거래에서 물품이 통상적으로 포장되지 않은 형태로 매매되어 운송되는 경우에는 그러지 않는다. 매도인은 당해 운송에 적절한 방법으로 물품을 포장할 수 있다. 다만 매수인이

export.
매수인은 강제적인 선적전검사에 드는 비용을 부담해야 하나, 다만 그러한 검사를 수출국이 강제하는 경우는 예외로 한다.

매매계약의 체결 전에 포장에 관한 특정한 요건을 통지한 경우 그에 따라야 한다. 포장에는 적절한 화인이 표시되어야 한다.	
A10 Assistance **정보에 관한 협조 및 관련 비용** The seller must, where applicable, in a timely manner, provide to or render assistance in obtaining for the buyer, at the buyer's request, risk and expense, any documents and information, including security-related information, that the buyer needs for the import of the goods and/or for their transport to the final destination. 매도인은 해당되는 경우에, 시기적절한 방법으로 매수인의 요청에 따라 매수인의 위험과 비용으로, 매수인이 물품의 수입 및 최종 목적지까지 운송에 필요한 여하한 서류와 보안 관련 정보를 포함한 여하한 정보를 제공하거나 매수인이 그러한 서류와 정보를 획득하는 데 협조해야 한다. The seller must reimburse the buyer for all costs and charges	**B10 Assistance with information and related costs** **정보에 관한 협조 및 관련 비용** The buyer must, in a timely manner, in a timely manner, advise the seller of any security information requirement so that the seller may comply with A10. 매수인은 매도인이 A10의 규정을 준수할 수 있도록 시기적절한 방법으로 매도인에게 보안 정보에 관한 필요 사항을 통지해야 한다. The buyer must reimburse the seller for all costs and charges

incurred by the buyer in providing or rendering assistance in obtaining documents and information as envisaged in B10.

매도인은 B10의 규정에 따라 매수인에게 서류와 정보를 제공하거나 그러한 서류와 정보를 획득하는 데 협조함으로써 발생한 모든 비용과 부대 비용을 상환해야 한다.

incurred by the seller in providing or rendering assistance in obtaining documents and information as envisaged in A10.

매수인은 매도인에게 매도인이 A10의 규정에 따라 서류와 정보를 제공하거나 그러한 서류와 정보를 획득할 수 있게 협조함으로써 발생한 모든 비용과 부대 비용을 상환해야 한다.

The buyer must, where applicable, in a timely manner, provide to or render assistance in obtaining for the seller, at the seller' s request, risk and expense, any documents and information, including security-related information, that the seller needs for the transport and export of the goods and for their transport through any country.

매수인은 해당되는 경우에, 시기적절한 방법으로 매도인의 요청에 따라 매도인의 위험과 비용으로, 매도인이 물품의 운송과 수출 및 제3국을 통과하는 운송에 필요한 여하한 서류와 보안 관련 정보를 포함한 여하한 정보를 제공하거나 매도인이 그러한 서류와 정보를 획득하는 데 협조해야 한다.

3. CPT : CARRIAGE PAID TO
(insert named place of destination)

운송비 지급 인도조건(지정 목적지 기입)

Mode of Transport(운송 방법)

GUIDANCE NOTE
사용 안내 지침

This rule may be used irrespective of the mode of transport selected and may also be used where more than one mode of transport is employed.

이 규칙은 선택한 운송 방식과 상관없이 사용할 수 있으며, 하나 이상의 운송 방식을 채택한 경우에도 사용할 수 있다.

'Carriage Paid To' means that the seller delivers the goods to the carrier or another person nominated by the seller at an agreed place(if any such place is agreed between the parties) and that the seller must contract for and pay the costs of carriage necessary to bring the goods to the named place of destination.

'운송비 지급 인도'는 합의된 장소(당사자 간 장소의 합의가 있는 경우)에서 매도인이 물품을 지정한 운송인이나 제3자에게 인도하거나, 매도인이 물품을 지정 목적지까지 운송하는 데 필요한 운송계약을 체결하고 그 운송 비용을 지불하는 것을 의미한다.

When CPT, CIP, CFR or CIF are used, the seller fulfils its obligation to deliver when it hands the goods over to the carrier and not when the goods reach the place of destination.

CPT, CIP, CFR 또는 CIF가 사용되는 경우에, 매도인은 물품이 목적지에 도착한 시점이 아니라 운송인에게 물품을 인계하는 시점에 인도 의무를 이행한 것으로 본다.

This rule has two critical points, because risk passes and costs are transferred at different places. The parties are well advised to identify as precisely as possible in the contract both the place of delivery, where the risk passes to the buyer, and the named place of destination to which the seller must contract for the carriage. If several carriers are used for the carriage to the agreed destination and the parties do not agree on a specific point of delivery, the default position is that risk passes when the goods have been delivered to the first carrier at a point entirely of the seller's choosing and over which the buyer has no control. Should the parties wish the risk to pass at a later stage(e.g., at an ocean port or airport), they need to specify this in their contract of sale.

이 규칙은 두 가지 중요한 분기점을 갖는데, 왜냐하면 위험과 비용이 상이한 장소에서 이전되기 때문이다. 당사자들은 위험이 매수인에게 이전되는 장소인 인도 장소 및 매도인이 운송계약을 체결해야 하는 지정 목적지를 계약서 내에서 가급적 정확하게 지정하는 것이 바람직하다. 만약 합의된 목적지까지 운송하는 과정에서 여러 운송인이 개입되고 당사자들이 특정한 인도 지점에 대해 합의하지 않은 경우, 위험은 전적으로 매도인에 의해 선택되어 매수인으로서는 아무런 통제도 할 수 없는 지점에서 물품이 최초 운송인에게 인도되어 이전되는 것이 기본입장이다. 그 후의 어느 단계(예컨대 항구나 공항과 같은 곳)에서 위험이 이전되기를 원하는 경우, 당사자들은 이를 매매계약에 명시해야 한다.

The parties are also well advised to indentify as precisely as possible the point within the agreed place of destination, as the costs to that point are for the account of the seller. The seller is advised to procure contracts of carriage that match this choice precisely. If the seller incurs costs under its contract of carriage related to unloading at the named place of destination, the seller is not entitled to recover such costs from the buyer unless otherwise agreed between the parties.

또한 당사자들은 합의된 목적 지점을 가급적 정확하게 특정하는 것이 바람직하다. 그러한 지점까지의 비용은 매도인이 부담하기 때문에, 매도인은 이러한 선택을 할 때는 만족할 만큼 정확한 내용으로 운송계약을 체결하는 것이 좋다. 매도인이 운송계약에 따라 지정 목적지에서 양화와 관련한 비용을 지출한 경우, 당사자 간에 달리 합의가 되지 않았다면 매도인은 그러한 비용을 매수인에게 구상할 수 없다.

CPT requires the seller to clear the goods for export, where applicable. However, the seller has no obligation to clear the goods for import, pay any import duty or carry out any import customs formalities.

CPT 조건은 매도인이, 해당되는 경우에 물품의 수출 통관을 하도록 요구한다. 그러나 매도인은 물품의 수입 통관이나 수입 관세 부담, 또는 수입 통관 절차를 수행할 의무가 없다.

A	THE SELLERS'S OBLIGATION 매도인의 의무	B	THE BUYER'S OBLIGATION 매수인의 의무
A1	General Obligation of the seller 매도인의 일반 의무 The seller must provide the goods and the commercial invoice in conformity with the contract of sale and any other evidence of conformity that may be required by the contract. 매도인은 매매계약에 일치하는 물품 및 상업송장과 그 밖의 계약에서 요구되는 여타 일체의 증빙을 제공해야 한다. Any document referred to in A1-A10 may be an equivalent electronic record or procedure if agreed between the parties or customary. 당사자 간에 합의되었거나 관행이 있는 경우, A1-A10에 규정된 서류는 동일한 전자적 기록이나 절차일 수 있다.	B1	General Obligation of the buyer 매수인의 일반 의무 The buyer must pay the price of the goods as provided in the contract of sale. 매수인은 매매계약에서 약정한 바에 따라 물품 대금을 지급해야 한다. Any document referred to in B1-B10 may be an equivalent electronic record or procedure if agreed between the parties or customary. 당사자 간에 합의되었거나 관행이 있는 경우, B1-B10에 규정된 서류는 동일한 전자적 기록이나 절차일 수 있다.
A2	Licences, authorizations, security clearances and other formalities 허가, 인가, 보안 통관 및 기타 절차 Where applicable, the seller must	B2	Licences, authorizations, security clearances and other formalities 허가, 인가, 보안 통관 및 기타 절차 Where applicable, it is up to the

obtain, at its own risk and expense, any export licence, or other official authorization and carry out all customs formalities necessary for the export of the goods, and for their transport through any country prior to delivery.

해당되는 경우에, 매도인은 자신의 위험과 비용으로 수출 허가나 기타 공적 인가를 획득해야 하고, 물품의 수출 및 제3국을 통과하는 인도 전의 운송에 필요한 모든 통관 절차를 수행해야 한다.

buyer to obtain, at its own risk and expense, any export and import licence, or other official authorization and carry out all customs formalities for the import of the goods and for their transport through any country.

해당되는 경우에, 매수인 자신의 위험과 비용으로 수입 허가나 기타 공적 인가를 획득하고, 물품의 수입과 제3국을 통과하는 운송에 필요한 모든 통관 절차를 수행하는 것은 매수인의 몫이다.

A3 Contracts of carriage and insurance
운송계약과 보험계약

a) Contract of carriage
운송계약

The seller must contract or procure a contract for the carriage of the goods from the agreed point of delivery, if any, at the place of delivery to the named place of destination or, if agreed, any point at that place. The contract of carriage must be made on usual terms at the seller's expense and provide for

B3 Contracts of carriage and insurance
운송계약과 보험계약

a) Contract of carriage
운송계약

The buyer has no obligation to the seller to make a contract of carriage.

매수인은 매도인에 대해 운송계약을 체결하게 할 의무가 없다.

carriage by the usual route and in a customary manner. If a specific point is not agreed or is not determine by practice, the seller may select the point of delivery and the point at the named place of destination that best suit its purpose.

매도인은 인도 장소로부터 또는 그 인도 장소에 합의된 인도 지점이 있을 경우 그 지점으로부터 지정 목적지까지, 또는 그 지정 목적지에 합의된 지점이 있는 경우 그 지점까지 물품을 운송하는 계약을 체결하거나 그러한 계약을 제공해야 한다. 운송계약은 매도인의 비용으로 통상적인 조건으로 체결되어야 하며 통상적인 항로를 따라 관행적인 방법으로 운송하는 내용이어야 한다. 특정한 지점이 합의되지 않거나 관행에 따라 결정되지 않는 경우, 매도인은 그의 목적에 가장 적합한 인도 지점 및 지정 목적지 내의 지점을 선택할 수 있다.

b) Contract of insurance
보험계약

The seller has no obligation to the buyer to make a contract of

b) Contract of insurance
보험계약

The buyer has no obligation to the seller to make a contract of

insurance. However, the seller must provide the buyer, at the buyer' s request, risk and expense(if any), with information that the buyer needs for obtaining insurance. 매도인은 매수인에 대해 보험계약을 체결하게 할 의무가 없다. 그러나 매도인은 매수인의 요청에 따라 매수인의 위험과 비용(있는 경우)으로 보험계약에 필요한 정보를 매수인에게 제공해야 한다.	insurance. However, the buyer must provide the seller, upon request, with the necessary information for obtaining insurance. 매수인은 매도인에 대해 보험계약을 체결하게 할 의무가 없다. 그러나 매수인은 매도인의 요청이 있을 때는 보험계약에 필요한 정보를 제공해야 한다.
A4 Delivery 인도 *The seller must deliver the goods by handing them over to the carrier contracted in accordance with A3 on the agreed date or within the agreed period.* 매도인은 물품을 A3에 따라 운송계약을 체결한 운송인에게 합의된 기일 또는 기간 안에 인도해야 한다.	**B4 Taking delivery** 인수 The buyer must take delivery of the goods when they have been delivered as envisaged in A4 and receive them from the carrier at the named place of destination. 매수인은 물품이 A4에 규정된 바와 같이 인도된 때에 그 물품을 지정 목적지에서 운송인으로부터 수령해야 한다.
A5 Transfer of risks 위험 이전 The seller bears all risks of loss of or damage to the goods until they have been delivered in	**B5 Transfer of risks** 위험 이전 The buyer bears all risks of loss of or damage to the goods from the time they have been delivered

| accordance with A4, with the exception of loss or damage in the circumstance described in B5.
매도인은 물품이 A4에 따라 인도되는 시점까지 물품의 멸실 또는 손상의 모든 위험을 부담하되, B5에 규정된 상황에서 발생하는 멸실 또는 손상은 예외로 한다. | as envisaged in A4.
매수인은 물품이 A4의 규정에 따라 인도된 때로부터 물품의 멸실 또는 손상의 모든 위험을 부담한다.

If the buyer fails to give notice in accordance with B7, it must bear all risks of loss of or damage to the goods from the agreed date or the expiry date of the agreed period for delivery, provided that the goods have been clearly identified as the contract goods.
매수인이 B7에 따른 통지를 하지 않은 경우, 물품이 계약 물품과 일치하는 조건으로 매수인은 합의된 인도 기일이나 인도 기간의 만료일부터 물품의 멸실 또는 손상의 모든 위험을 부담해야 한다. |
| **A6 Allocation of costs**
비용 분담

The seller must pay
매도인은 다음 비용을 부담한다.

a) all costs relating to the goods until they have been delivered in accordance with A4, other than those payable by the buyer as | **B6 Allocation of costs**
비용 분담

The buyer must, subject to the provision of A3a), pay
매수인은 A3a)의 규정에 따라 다음 비용을 부담한다.

a) all costs relating to the goods from the time they have been delivered as envisaged in A4, except, where applicable, the |

envisaged in B6;

a) 물품이 A4에 따라 인도되는 시점까지 물품과 관련된 모든 비용을 부담하지만, B6의 규정에 따라 매수인이 부담하는 비용은 제외한다.

b) the freight and all other costs resulting from A3 a), including the costs of loading the goods and any charges for loading at the place of destination that were for the seller's account under the contract of carriage; and

b) 물품의 적재 비용 및 목적지에서의 양화 비용 중에서 운송계약상 매도인이 부담하기로 한 비용을 포함해, A3a)의 규정에 따른 운임 및 기타 모든 비용.

costs of customs formalities necessary for export, as well as all duties, taxes, and other charges payable upon export as referred to in A6c);

a) A4에 규정된 바와 같이 물품이 인도되는 시점부터 물품과 관련된 모든 비용. 그러나 해당되는 경우에 A6c)에 언급한 바와 같이 수출에 필요한 통관 비용 및 수출 시 부과되는 모든 관세와 세금, 기타 공과금은 제외된다.

b) all costs and charges relating to goods while in transit until their arrival at the agreed place of destination, unless such costs and charges were for the seller's account under the contract of carriage;

b) 물품이 합의된 목적지에 도착하는 시점까지 운송 중에 물품과 관련된 모든 비용과 부대 비용. 그러나 그러한 비용과 부대 비용을 운송계약상 매도인이 부담하기로 한 때에는 그에 따른다.

c) unloading costs, unless such costs were for the seller's account under the contract of

c) Where applicable, the costs of customs formalities necessary for export, as well as all duties, taxes, and other charges payable upon export, and the costs for their transport through any country that were for the seller' s account under the contract of carriage.

c) 해당되는 경우에, 수출에 필요한 통관 비용과 수출 시 부과되는 모

carriage;

c) 양화 비용. 그러나 그러한 비용을 운송계약상 매도인이 부담하기로 한 때에는 그에 따른다.

d) any additional costs incurred if the buyer fails to give notice in accordance with B7, from the agreed date or the expiry date of the agreed period for dispatch, provided that the goods have been clearly identified as the contract goods; and

d) 매수인이 B7에 따른 통지를 하지 않는 경우, 합의된 발송 일자나 발송 기간의 만료일부터 발생하는 추가 비용. 다만 이를 위해 물품은 계약 물품으로 명확히 특정되어 있어야 한다.

e) where applicable, all duties, taxes and other charges, as well as the costs of carrying out customs formalities payable upon import of the goods and the costs for their transport through any country, unless included within the cost of the contract of carriage.

e) 해당되는 경우, 물품의 수입에

든 관세와 세금, 기타 공과금 및 제3국을 통과하는 데 드는 운송 비용 중 운송계약상 매도인이 부담하기로 한 비용.	부과되는 모든 관세와 세금, 기타 공과금과 수입 통관 비용 및 제3국을 통과하는 데 드는 운송 비용 중에서 운송계약 비용에 포함되지 않은 비용.
A7 Notices to the buyer **매수인에 대한 통지** The seller must notify the buyer that the goods have been delivered in accordance with A4. 매도인은 매수인에게 물품이 A4에 따라 인도되었음을 통지해야 한다. The seller must give the buyer any notice needed in order to allow the buyer to take measures that are normally necessary to enable the buyer to take the goods. 매도인은 매수인에게, 매수인이 물품을 수령할 수 있게 통상적으로 필요한 조치를 취할 수 있도록 필요한 통지를 해야 한다.	**B7 Notices to the seller** **매도인에 대한 통지** The buyer must, whenever it is entitled to determine the time for dispatching the goods and/or the named place of destination or the point of receiving the goods within the place, give the seller sufficient notice thereof. 매수인은 물품의 발송 시기 및 지정 목적지나 그러한 지정 목적지 내에서 물품을 수령할 지점을 결정할 권리를 가진 때에는 매도인에게 그에 관해 충분히 통지해야 한다.
A8 Delivery document **인도 서류** If customary or at the buyer's request, the seller must provide the buyer, at the seller's expense, with the usual transport document (s) for the transport contracted in	**B8 Proof of delivery** **인도의 증명** The buyer must accept the transport document provided as envisaged in A8 if it is in conformity with the contract. 매수인은 A8의 규정에 따라 제공

accordance with A3.
관행이 있거나 매수인의 요청이 있는 경우, 매도인은 자신의 비용으로 매수인에게 A3에 따라 체결된 운송에 관한 통상적인 운송 서류(들)를 제공해야 한다.

This transport document must cover the contract goods and be dated within the period agreed for shipment. If agreed or customary, the document must also enable the buyer to claim the goods from the carrier at the named place of destination and enable the buyer to sell the goods in transit by the transfer of the document to a subsequent buyer or by notification to the carrier.
이 운송 서류는 계약 물품에 관한 것이어야 하고, 합의된 선적 기간 이내로 일부(日附)되어야 한다. 합의나 관행이 있는 경우, 운송 서류는 매수인이 지정 목적지에서 운송인에 대해 물품의 인도를 청구할 수 있도록 해야 하고, 또한 매수인이 후속 매수인에게 운송 서류를 양도함으로써 또는 운송인에 대한 통지로써 운송 중에 물품을 매각할 수 있도록 하는 것이어야 한다.

된 운송 서류가 계약과 일치하면 이를 수령해야 한다.

When such a transport document is issued in negotiable from and in several originals, a full set of originals must be presented to the buyer.

그러한 운송 서류가 유통 가능한 형식으로 복수의 원본이 발행된 경우에는, 그 원본의 전통(全通)이 매수인에게 제공되어야 한다.

A9 Checking · packing · marking 검사 · 포장 · 화인	B9 Inspection of goods 물품 검사
The seller must pay the costs of those checking operations (such as checking quality, measuring, weighting, counting,) that are necessary for the purpose of delivering the goods in accordance with A4, as well as the costs of any pre-shipment inspection mandated by the authority of the country of export. 매도인은 A4에 따라 물품을 인도하기 위한 목적에서 필요한 검사(예컨대 품질, 용적, 중량, 수량의 검사)에 드는 비용 및 수출국이 강제하는 선적전검사에 드는 비용을 부담해야 한다. The seller must, at its own	The buyer must pay the costs of any mandatory pre-shipment inspection, except when such inspection is mandated by the authorities of the country of export. 매수인은 강제적인 선적전검사에 드는 비용을 부담해야 하나, 그러한 검사를 수출국이 강제하는 경우는 예외로 한다.

expense, package the goods, unless it is usual for the particular trade to transport the type of goods sold unpackaged. The seller may package the goods in the manner appropriate for their transport, unless the buyer has notified the seller of specific packaging requirements before the contract of sale is concluded. Packaging is to be marked appropriately. 매도인은 자신의 비용으로 물품을 포장해야 한다. 다만 특정한 거래에서 물품이 통상적으로 포장되지 않은 채 매매되어 운송되는 경우에는 그러지 않는다. 매도인은 당해 운송에 적절한 방법으로 물품을 포장할 수 있다. 다만 매수인이 매매계약 체결 전에 포장에 관한 특정한 요건을 통지한 경우 그에 따라야 한다. 포장에는 적절한 화인이 표시되어야 한다.	
A10 Assistance 정보에 관한 협조 및 관련 비용 The seller must, where applicable, in a timely manner, provide to or render assistance in obtaining for	**B10 Assistance with information and related costs** 정보에 관한 협조 및 관련 비용 The buyer must, in a timely manner, in a timely manner, advise the seller of any security

the buyer, at the buyer's request, risk and expense, any documents and information, including security-related information, that the buyer needs for the import of the goods and/or for their transport to the final destination.

매도인은 해당되는 경우에, 시기적절한 방법으로 매수인의 요청에 따라 매수인의 위험과 비용으로, 매수인이 물품의 수입 및 최종 목적지까지 운송에 필요한 여하한 서류와 보안 관련 정보를 포함한 여하한 정보를 제공하거나, 매수인이 그러한 서류와 정보를 획득하는 데 협조해야 한다.

The seller must reimburse the buyer for all costs and charges incurred by the buyer in providing or rendering assistance in obtaining documents and information as envisaged in B10.

매도인은 매수인이 B10의 규정에 따라 서류와 정보를 제공하거나 그러한 서류와 정보를 획득하는 데 협조하여 발생한 모든 비용과 부대 비용을 매수인에게 상환해야 한다.

information requirement so that the seller may comply with A10.

매수인은 매도인이 A10의 규정을 준수할 수 있도록, 시기적절한 방법으로 매도인에게 보안 정보에 관한 필요 사항을 통지해야 한다.

The buyer must reimburse the seller for all costs and charges incurred by the seller in providing or rendering assistance in obtaining documents and information as envisaged in A10.

매수인은 매도인에게, 매도인이 A10의 규정에 따라 서류와 정보를 제공하거나 그러한 서류와 정보를 획득하는 과정에서 발생한 모든 비용과 부대 비용을 상환해야 한다.

The buyer must, where applicable,

in a timely manner, provide to or render assistance in obtaining for the seller, at the seller's request, risk and expense, any documents and information, including security-related information, that the seller needs for the transport and export of the goods and for their transport through any country.

매수인은 해당되는 경우에, 시기적절한 방법으로 매도인의 요청에 따라 매도인의 위험과 비용으로, 매도인이 물품의 운송과 수출 및 제3국을 통과하는 운송에 필요한 여하한 서류와 보안 관련 정보를 포함한 여하한 정보를 제공하거나, 매도인이 그러한 서류와 정보를 획득하는 데 협조해야 한다.

4. CIP : CARRIAGE AND INSURANCE PAID TO (insert named place of destination)
운송비 · 보험료 지급 인도조건(지정 목적지 기입)

Mode of Transport(운송 방법)

This rule may be used irrespective of the mode of transport selected and may also be used where more than one mode of transport is employed.

이 규칙은 선택한 운송 방식에 상관없이 사용할 수 있으며, 하나 이상의 운송 방식을 채택한 경우에도 사용할 수 있다.

'Carriage and Insurance Paid to' means that the seller delivers the goods to the carrier or another person nominated by the seller at an agreed place(if any such place is agreed between the parties) and that the seller must contract for and pay the costs of carriage necessary to bring the goods to the named place of destination.

'운송비·보험료 지급 인도'는 매도인이 합의된 장소(당사자 간에 이 러한 장소의 합의가 있는 경우)에서 물품을 자신이 지정한 운송인이나 제3자 에게 인도하고 지정 목적지까지 운송하는 데 필요한 계약을 체결하 고 그 운송 비용을 부담해야 하는 것을 의미한다.

The seller also contracts for insurance cover against the buyer's risk of loss of or damage to the goods during the carriage. The buyer should note that under CIP the seller is required to obtain insurance only on minimum cover. Should the buyer wish to have more insurance protection, it will need either to agree as much expressly with the seller or to make its own extra insurance arrangements.

매도인은 운송 중 매수인의 물품이 멸실 또는 손상되는 위험에 대비해 보험계약을 체결한다. 매수인이 유의할 점은, CIP에서 매도인은 단지 최소 조건의 보험계약만 요구된다는 것이다. 따라서 보다 넓은 보험의 혜택을 원한다면 매수인은 매도인과 명시적으로 그렇게 합의하든지 아니면 스스로 추가 보험을 들어야 한다.

When CPT, CIP, CFR or CIF are used, the seller fulfils its obligation to deliver when it hands the goods over to the carrier and not when the goods reach the place of destination.

CPT, CIP, CFR 또는 CIF가 사용되는 경우, 매도인은 물품이 목적지에 도착한 때가 아니라 운송인에게 물품을 인계하는 때에 그의 인도 의무를 이행한 것으로 본다.

This rule has two critical points, because risk passes and costs are transferred at different places. The parties are well advised to identify as precisely as possible in the contract both the place of delivery, where the risk passes to the buyer, and the named place of destination to which the seller must contract for the carriage. If several carriers are used for the carriage to the agreed destination and the parties do not agree on a specific point of delivery, the default position is that risk passes when the goods have been delivered to the first carrier at a point entirely of the seller's choosing and over which the buyer has no control. Should the parties wish the risk to pass at a later stage(e.g., at an ocean port or an airport), they need to specify this in their contract of sale.

이 규칙은 두 가지 중요한 분기점을 갖는다. 왜냐하면 위험과 비용이 상이한 장소에서 이전되기 때문이다. 당사자들은 위험이 매수인에게 이전되는 장소인 인도 장소 및 매도인이 체결하는 운송계약의 목적지인 지정 목적지를 계약 내에서 가급적 정확하게 지정하는 것이 좋다. 만약 합의된 목적지까지 운송하는 데 여러 운송인이 개입되고 당사자들이 특정한 인도 지점에 대해 합의하지 않은 경우, 위험은 전적으로 매도인에 의해 선택되어 매수인으로서는 아무런 통제도 할 수 없는 지점에서 물품이 최초 운송인에게 인도되어 이전되는 것이 기본입장이다. 그 후의 어느 단계(예컨대 항구나 공항과 같은 곳)에서 위험이 이전되기를 원하는 경우, 당사자들은 이를 매매계약에 명시해야 한다.

The parties are also well advised to indentify as precisely

as possible the point within the agreed place of destination, as the costs to that point are for the account of the seller. The seller is advised to procure contracts of carriage that match this choice precisely. If the seller incurs costs under its contract of carriage related to unloading at the named place of destination, the seller is not entitled to recover such costs from the buyer unless otherwise agreed between the parties.

또한 당사자들은 합의된 목적지 내의 지점을 가급적 정확하게 특정하는 것이 바람직하다. 그러한 지점까지의 비용은 매도인이 부담하기 때문에, 매도인은 이러한 선택을 할 때는 만족할 만큼 정확한 내용으로 운송계약을 체결하는 것이 좋다. 매도인이 그의 운송계약에 따라 지정 목적지에서 양화와 관련한 비용을 지출한 경우에, 당사자 간에 달리 합의되지 않았다면 매도인은 그러한 비용을 매수인에게 구상할 수 없다.

CPT requires the seller to clear the goods for export, where applicable. However, the seller has no obligation to clear the goods for import, pay any import duty or carry out any import customs formalities.

CPT에서 매도인은 해당되는 경우에 물품의 수출 통관을 해야 한다. 그러나 매도인은 물품의 수입 통관이나 수입 관세 부담, 또는 수입 통관 절차를 수행할 의무가 없다.

A	THE SELLERS'S OBLIGATION 매도인의 의무	B	THE BUYER'S OBLIGATION 매수인의 의무
A1	General Obligation of the seller 매도인의 일반 의무 The seller must provide the goods and the commercial invoice in conformity with the contract of sale and any other evidence of conformity that may be required by the contract. 매도인은 매매계약에 일치하는 물품 및 상업송장과 그 밖의 계약에서 요구되는 여타 일치되는 증빙을 제공해야 한다. Any document referred to in A1-A10 may be an equivalent electronic record or procedure if agreed between the parties or customary. 당사자 간에 합의되었거나 관행이 있는 경우, A1-A10에 규정된 서류는 동일한 전자적 기록이나 절차일 수 있다.	B1	General Obligation of the buyer 매수인의 일반 의무 The buyer must pay the price of the goods as provided in the contract of sale. 매수인은 매매계약에서 약정한 바에 따라 물품 대금을 지급해야 한다. Any document referred to in B1-B10 may be an equivalent electronic record or procedure if agreed between the parties or customary. 당사자 간에 합의되었거나 관행이 있는 경우, B1-B10에 규정된 서류는 동일한 전자적 기록이나 절차일 수 있다.
A2	Licences, authorizations, security clearances and other formalities 허가, 인가, 보안 통관 및 기타 절차 Where applicable, the seller must	B2	Licences, authorizations, security clearances and other formalities 허가, 인가, 보안 통관 및 기타 절차 Where applicable, it is up to the

obtain, at its own risk and expense, any export licence, or other official authorization and carry out all customs formalities necessary for the export of the goods, and for their transport through any country prior to delivery.

여기에 해당되는 경우에, 매도인은 자신의 위험과 비용으로 수출 허가나 기타 공적 인가를 획득해야 하고, 물품의 수출 및 제3국을 통과하는 인도전의 운송에 필요한 모든 통관 절차를 수행해야 한다.

buyer to obtain, at its own risk and expense, any export and import licence, or other official authorization and carry out all customs formalities for the import of the goods and for their transport through any country.

여기에 해당되는 경우에, 매수인 자신의 위험과 비용으로 수입 허가나 기타 공적 인가를 획득하고, 물품의 수입과 제3국을 통과하는 운송에 필요한 모든 통관 절차를 수행하는 것은 매수인의 몫이다.

A3 Contracts of carriage and insurance
운송계약과 보험계약

a) Contract of carriage
운송계약

The seller must contract or procure a contract for the carriage of the goods from the agreed point of delivery, if any, at the place of delivery to the named place of destination or, if agreed, any point at that place. The contract of carriage must be made on usual terms at the seller' s expense and provide for

B3 Contracts of carriage and insurance
운송계약과 보험계약

a) Contract of carriage
운송계약

The buyer has no obligation to the seller to make a contract of carriage.
매수인은 매도인에 대해 운송계약을 체결하게 할 의무가 없다.

carriage by the usual route and in a customary manner. If a specific point is not agreed or is not determine by practice, the seller may select the point of delivery and the point at the named place of destination that best suit its purpose.

매도인은 인도 장소나 그 인도 장소에 합의된 인도 지점이 있을 때는 그 지점으로부터 지정 목적지까지, 또는 그 지정 목적지에 합의된 지점이 있을 때에는 그 지점까지 물품을 운송하는 계약을 체결하거나 그러한 계약을 제공해야 한다. 운송계약은 매도인의 비용으로써 통상적인 조건으로 체결되어야 하며, 통상적인 항로로서 관행적인 방법으로 운송하는 내용이어야 한다. 특정한 지점이 합의되지 않거나 관례에 의해 결정되지 않는 경우, 매도인은 그의 목적에 가장 적합한 인도 지점 및 지정 목적지 내의 지점을 선택할 수 있다.

b) Contract of insurance
   보험계약

The seller must obtain at its own expense cargo insurance complying

	b) Contract of insurance 보험계약

The buyer has no obligation to the seller to make a contract of *at least with the minimum cover as provided by Clauses (C) of the Institute Cargo Clauses(LMA/IUA) or any similar clauses.* The insurance shall be contracted with underwriters or an insurance company of good repute and entitle the buyer, or any other person having an insurable interest in the goods, to claim directly from the insurer.

매도인은 자신의 비용으로 적어도 (로이즈시장협회/국제보험업협회의) 협회적하약관의 C약관이나 그와 유사한 약관에서 제공하는 최소 담보조건에 따른 적하보험을 취득해야 한다. 보험계약은 평판이 양호한 보험 인수업자나 보험회사와 체결해야 하고, 보험은 매수인이나 물품에 피보험 이익을 가지는 제3자가 보험자에 대해 직접 청구할 수 있도록 해야 한다.

When required by the buyer, the seller shall, subject to the buyer providing any necessary information requested by the seller, provide at the buyer's expense any additional cover, if procurable, such as cover as insurance. However, the buyer must provide the seller, upon request, with any information necessary for the seller to procure any additional insurance requested by the buyer as envisaged in A3b).

매수인은 매도인에 대해 보험계약을 체결하게 할 의무가 없다. 그러나 매수인은 매도인의 요청이 있을 경우 매도인이 A3b)의 규정에 따라 매수인이 요청하는 추가적 보험을 제공하는 데 필요한 정보를 제공해야 한다.

provided by Clauses (A) or (B) of
the Institute Cargo Clauses
(LMA/IUA) or any similar
clauses, and/or cover complying
with the Institute War Clauses
and/or Institute Strikes Clauses
(LMA/IUA) or any similar
clauses.

매수인의 요청이 있을 경우, 매도
인은 그가 요청하는 필요한 정보를
매수인이 제공하는 것을 조건으로,
매수인의 비용으로 가능하다면(로
이즈시장협회/국제보험업협회) 협
회적하약관 A 또는 B약관이나 그
와 유사한 약관 및 (로이즈시장협
회/국제보험업협회의) 협회전쟁약
관이나 협회동맹파업약관, 기타 그
와 유사한 약관에 의해 보험계약을
체결할 수 있도록 추가 보험을 제
공해야 한다.

*The insurance shall cover, at a
minimum, the price provided in the
contract plus 10% (i.e., 110%) and
shall be in the currency of the
contract.*

보험 금액은 최소한 매매계약에서
약정된 대금에서 *10%*를 더한 금액
(즉 매매대금의 *110%*)이어야 하
고, 보험의 통화는 매매계약의 통

The insurance shall cover the goods from the point of delivery set out in A4 and A5 to at least the named place of destination.
보험 구간은 A4 및 A5에 규정된 인도 지점으로부터 적어도 지정 목적지까지 물품을 보호하는 것이어야 한다.

The seller must provide the buyer with the insurance policy or other evidence of insurance over.
매도인은 매수인에게 보험증권이나 기타 보험 체결과 관련한 증빙 서류를 제공해야 한다.

Moreover, the seller must provide the buyer, at the buyer's request, risk, and expense (if any), with information that the buyer needs to procure any additional insurance
또한 매도인은 매수인의 요청에 따라, 매수인의 위험과 비용(있는 경우)으로 매수인이 추가적 보험을 드는 데 필요한 정보를 제공해야 한다.

A4 Delivery 인도	B4 Taking delivery 인수
The seller must deliver the goods by handing them over to the carrier contracted in accordance with A3 on the agreed date or within the agreed period. 매도인은 물품을 A3에 따라 운송 계약을 체결한 운송인에게 합의된 기일 또는 합의된 기간 내에 인계함으로써 인도해야 한다.	The buyer must take delivery of the goods when they have been delivered as envisaged in A4 and receive them from the carrier at the named place of destination. 물품이 A4에 규정된 바와 같이 인도된 시점에 매수인은 그 물품을 인수해야 하고, 지정 목적지에서 운송인으로부터 그 물품을 수령해야 한다.
A5 Transfer of risks 위험 이전	B5 Transfer of risks 위험 이전
The seller bears all risks of loss of or damage to the goods until they have been delivered in accordance with A4, with the exception of loss or damage in the circumstance described in B5. 매도인은 물품이 A4에 따라 인도되는 시점까지 물품의 멸실 또는 손상의 모든 위험을 부담하되, B5에 규정된 상황에서 발생하는 멸실 또는 손상은 예외로 한다.	The buyer bears all risks of loss of or damage to the goods from the time they have been delivered as envisaged in A4. 매수인은 물품이 A4의 규정에 따라 인도된 시점부터 물품의 멸실 또는 손상의 모든 위험을 부담한다. If the buyer fails to give notice in accordance with B7, it must bear all risks of loss of or damage to the goods from the agreed date or the expiry date of the agreed

	period for delivery, provided that the goods have been clearly identified as the contract goods. 매수인이 B7에 따른 통지를 하지 않은 경우, 물품이 계약 물품과 일치할 조건으로 매수인은 합의된 인도 기일이나 합의된 인도 기간의 만료일부터 물품의 멸실 또는 손상의 모든 위험을 부담해야 한다.
A6　Allocation of costs 　　　비용 분담 The seller must pay 매도인은 다음의 비용을 부담한다. a) all costs relating to the goods until they have been delivered in accordance with A4, other than those payable by the buyer as envisaged in B6; a) 물품이 A4에 따라 인도되는 시점까지 물품과 관련한 모든 비용. 그러나 B6의 규정에 따라 매수인이 부담하는 비용은 제외한다.	**B6　Allocation of costs** 　　　비용 분담 The buyer must, subject to the provision of A3a), pay 매수인은, A3a)의 규정에 따라 다음의 비용을 부담한다. a) all costs relating to the goods from the time they have been delivered as envisaged in A4, except, where applicable, the costs of customs formalities necessary for export, as well as all duties, taxes, and other charges payable upon export as referred to in A6d); a) A4에 규정된 바와 같이 물품이 인도되는 시점에서 물품과 관련해서 발생하는 모든 비용. 그러나 여기에 해당되는 경우 A6d)에 언급된

b) the freight and all other costs resulting from A3a), including the costs of loading the goods and any charges for loading at the place of destination that were for the seller' s account under the contract of carriage;

b) 물품의 적재 비용 및 목적지에서의 양화 비용 중에 운송계약상 매도인이 부담하기로 한 비용을 포함해, A3a)의 규정에 따른 운임 및 기타 모든 비용.

c) the costs of insurance resulting from A3b); and

c) A3b)의 규정에 따른 보험 비용.

바와 같이 수출에 필요한 통관 비용과 수출 시 부과되는 모든 관세와 세금, 기타 공과금은 제외한다.

b) all costs and charges relating to goods while in transit until their arrival at the agreed place of destination, unless such costs and charges were for the seller' s account under the contract of carriage;

b) 물품이 합의된 목적지에 도착하는 시점까지 운송 중 물품과 관련한 모든 비용과 부대 비용. 그러나 그러한 비용과 부대 비용을 운송계약상 매도인이 부담하기로 한 때에는 그에 따른다.

c) unloading costs, unless such costs were for the seller' s account under the contract of carriage;

c) 양화 비용. 그러나 그러한 비용을 운송계약상 매도인이 부담하기로 한 때에는 그에 따른다.

d) any additional costs incurred if the buyer fails to give notice in accordance with B7, from the agreed date or the expiry date of the agreed period for dispatch, provided that the goods have been clearly identified as the contract goods;

d) 매수인이 B7에 따른 통지를 하지 않는 경우, 합의된 발송 일자나 발송 기간의 만료일부터 발생하는 추가 비용. 다만 이를 위해 물품은 계약 물품으로 명확히 특정되어 있어야 한다.

d) Where applicable, the costs of customs formalities necessary for export, as well as all duties, taxes, and other charges payable upon export, and the costs for their transport through any country that were for the seller's account under the contract of carriage.

d) 해당되는 경우에, 수출에 필요한 통관 비용과 수출 시 부과되는 모든 관세와 세금, 기타 공과금 및 제3국을 통과하는 데 드는 운송 비용 중 운송계약상 매도인이 부담하기로 한 비용.

e) where applicable, all duties, taxes and other charges, as well as the costs of carrying out customs formalities payable upon import of the goods and the costs for their transport through any country, unless included within the cost of the contract of carriage; and

e) 해당되는 경우에, 물품의 수입에 부과되는 모든 관세와 세금, 기타 공과금과 수입 통관 비용 및 제3국을 통과하는 데 드는 운송 비용 중에서 운송계약 비용에 포함되지 않은 비용.

f) the costs of any additional insurance procured at the buyer's request under A3 and B3.

	f) A3과 B3하에서 매수인의 요청에 따라 제공된 추가 보험에 드는 비용.
A7 Notices to the buyer 매수인에 대한 통지 The seller must notify the buyer that the goods have been delivered in accordance with A4. 매도인은 매수인에게 물품이 A4에 따라 인도되었음을 통지해야 한다. The seller must give the buyer any notice needed in order to allow the buyer to take measures that are normally necessary to enable the buyer to take the goods. 매도인은 매수인이 물품을 수령할 수 있도록 필요한 통지를 해야 한다.	**B7 Notices to the seller** 매도인에 대한 통지 The buyer must, whenever it is entitled to determine the time for dispatching the goods and/or the named place of destination or the point of receiving the goods within the place, give the seller sufficient notice thereof. 매수인은 물품의 발송 시기 및 지정 목적지나 그러한 지정 목적지 내에서 물품을 수령할 지점을 결정할 권리를 가진 때에는 매도인에게 그에 관해 충분히 통지해야 한다.
A8 Delivery document 인도 서류 If customary or at the buyer's request, the seller must provide the buyer, at the seller's expense, with the usual transport document(s) for the transport contracted in accordance with A3. 관행이 있거나 매수인의 요청이 있	**B8 Proof of delivery** 인도의 증명 The buyer must accept the transport document provided as envisaged in A8 if it is in conformity with the contract. 매수인은 A8의 규정에 따라 제공된 운송 서류가 계약에 일치하는 경우 이를 수령해야 한다.

을 경우, 매도인은 자신의 비용으
로 매수인에게 A3에 따라 체결된
운송에 관한 통상적인 운송 서류
(들)를 제공해야 한다.

This transport document must
cover the contract goods and be
dated within the period agreed
for shipment. If agreed or
customary, the document must
also enable the buyer to claim the
goods from the carrier at the
named place of destination and
enable the buyer to sell the goods
in transit by the transfer of the
document to a subsequent buyer
or by notification to the carrier.
이 운송 서류는 계약 물품에 관한
것이어야 하고, 합의된 선적 기간
이내로 일부(日附)되어야 한다. 합
의나 관행이 있는 경우, 운송 서류
는 매수인이 지정 목적지에서 운송
인에 대해 물품의 인도를 청구할
수 있도록 해야 하고, 또한 매수인
이 후속 매수인에게 운송 서류를
양도하거나 운송인에 대한 통지로
써 운송 중에 물품을 매각할 수 있
도록 해야 한다.

When such a transport document

is issued in negotiable from and in several originals, a full set of originals must be presented to the buyer. 그러한 운송 서류가 유통 가능한 형식으로 복수의 원본이 발행된 경우, 그 원본의 전통(全通)이 매수인에게 제공되어야 한다.	
A9 Checking · packing · marking **검사 · 포장 · 화인** The seller must pay the costs of those checking operations (such as checking quality, measuring, weighting, counting,) that are necessary for the purpose of delivering the goods in accordance with A4, as well as the costs of any pre?shipment inspection mandated by the authority of the country of export. 매도인은 A4에 따라 물품을 인도하기 위한 목적에서 필요한 검사 (예컨대 품질, 용적, 중량, 수량의 검사)에 드는 비용 및 수출국이 강제하는 선적전검사에 드는 비용을 부담해야 한다. The seller must, at its own expense, package the goods, unless it is usual for the	**B9 Inspection of goods** **물품검사** The buyer must pay the costs of any mandatory pre?shipment inspection, except when such inspection is mandated by the authorities of the country of export. 매수인은 강제적인 선적전검사에 드는 비용을 부담해야 하되, 다만 그러한 검사를 수출국이 강제하는 경우는 예외로 한다.

particular trade to transport the type of goods sold unpackaged. The seller may package the goods in the manner appropriate for their transport, unless the buyer has notified the seller of specific packaging requirements before the contract of sale is concluded. Packaging is to be marked appropriately.

매도인은 자신의 비용으로 물품을 포장해야 한다. 다만 특정한 거래에서 물품이 통상적인 형태로 포장되지 않은 채 매매되어 운송되는 경우는 그러지 않는다. 매도인은 당해 운송에 적절한 방법으로 물품을 포장할 수 있다. 다만 매수인이 매매계약 체결 전에 포장에 관한 특정한 요건을 통지한 경우 그에 따라야 한다. 포장에는 적절한 화인이 표시되어야 한다.

A10 Assistance 정보에 관한 협조 및 관련 비용	B10 Assistance with information and related costs 정보에 관한 협조 및 관련 비용
The seller must, where applicable, in a timely manner, provide to or render assistance in obtaining for the buyer, at the buyer's request, risk and expense, any documents	The buyer must, in a timely manner, in a timely manner, advise the seller of any security information requirement so that the seller may comply with A10.

and information, including security?related information, that the buyer needs for the import of the goods and/or for their transport to the final destination. 매도인은 해당되는 경우에, 시기적절한 방법으로 매수인의 요청에 따라, 매수인의 위험과 비용으로 매수인이 물품의 수입 및 최종 목적지까지 운송에 필요한 여하한 서류와 보안 관련 정보를 포함한 여하한 정보를 제공하거나, 매수인이 그러한 서류와 정보를 획득하는 데 협조해야 한다.

The seller must reimburse the buyer for all costs and charges incurred by the buyer in providing or rendering assistance in obtaining documents and information as envisaged in B10. 매도인은 매수인이 B10의 규정에 따라 서류와 정보를 제공하거나 그러한 서류와 정보를 획득할 수 있도록 협조함으로써 발생한 모든 비용과 부대 비용을 매수인에게 상환해야 한다.

매수인은 매도인이 A10의 규정을 준수할 수 있도록, 시기적절한 방법으로 매도인에게 보안 정보에 관한 필요 사항을 통지해야 한다.

The buyer must reimburse the seller for all costs and charges incurred by the seller in providing or rendering assistance in obtaining documents and information as envisaged in A10. 매수인은 매도인에게, 매도인이 A10의 규정에 따라 서류와 정보를 제공하거나 그러한 서류와 정보를 획득할 수 있도록 협조함으로써 발생한 모든 비용과 부대 비용을 상환해야 한다.

The buyer must, where applicable, in a timely manner, provide to or

| | render assistance in obtaining for the seller, at the seller's request, risk and expense, any documents and information, including security-related information, that the seller needs for the transport and export of the goods and for their transport through any country.

매수인은 해당되는 경우에, 시기적절한 방법으로 매도인의 요청에 따라 매도인의 위험과 비용으로, 매도인이 물품의 운송과 수출 및 제3국을 통과하는 운송에 필요한 여하한 서류와 보안 관련 정보를 포함한 여하한 정보를 제공하거나, 매도인이 그러한 서류와 정보를 획득하는 데 협조해야 한다. |

주) LMA: Lloyd's Market Association(로이즈시장협회)
IUA: International Underwriting Association of London(국제보험업협회)

5. DAT : DELIVERED AT TERMINAL
(insert named terminal at port or place of destination)

도착 터미널 인도조건(도착항 또는 목적지 지정 터미널 기입)

Mode of Transport(운송 방법)

GUIDANCE NOTE
사용 안내 지침

This rule may be used irrespective of the mode of transport selected and may also be used where more than one mode of transport is employed.

이 규칙은 선택한 운송 방식에 상관없이 사용할 수 있으며, 하나 이상의 운송 방식을 채택한 경우에도 사용할 수 있다.

'Delivered at Terminal' means that the seller delivers when the goods, <u>once unloaded from the arriving means of transport</u>, are placed at the disposal of the buyer at a named terminal at the named port or place of destination. 'Terminal' includes any place, whether covered or not, such as a quay, warehouse, container yard or road, rail or air cargo terminal. The seller bears all risks involved in bringing the goods to and unloading them at the terminal at the named port or place of destination.

'도착 터미널 인도'란 물품이 도착 운송수단에서 양화된 상태로 지정된 목적 항이나 지정 목적지의 지정 터미널에서 매도인이 인도하여 매수인의 처분 아래에 놓인 것을 말한다. '터미널'은 부두, 창고, 컨테이너장치장(CY) 또는 도로나 철도, 항공화물의 터미널과 같은 장소를 포함하며, 지붕의 유무는 상관하지 않는다. 매도인은 지정 목적 항이나 지정 목적지까지 물품을 운송하고 양화에 따르는 모든 위험을 부담한다.

The parties are well advised to specify as clearly as possible the terminal and, if possible, a specific point within the terminal at the agreed port or place of destination, as the risks to that point are for the account of the seller. The seller is advised to procure a contract of carriage that matches this choice precisely.

당사자들은 터미널이나, 가능하다면 합의된 목적 항이나 목적지의 터미널 내 지점을 정확하게 명시하는 것이 바람직하다. 그러한 지점까지의 위험은 매도인이 부담하기 때문에, 매도인은 이러한 선택을 할 때는 정확한 내용으로 운송계약을 체결하는 것이 바람직하다.

Moreover, if the parties intend the seller to bear the risks and costs involved in transporting and handling the goods from the terminal to another place, then the DAP or DDP rules should be used.

더욱이 당사자끼리 터미널에서 다른 장소까지 물품을 운송하고 취급하는 데 수반하는 위험과 비용을 매도인이 부담하도록 의도하는 경우엔 DAP 또는 DDP가 사용되어야 한다.

DAT requires the seller to clear the goods for export, where applicable. However, the seller has no obligation to clear the goods for import, pay any import duty or carry out any import customs formalities.

DAT에서 매도인은 해당되는 경우 물품의 수출 통관을 해야 한다. 그러나 매도인은 물품의 수입 통관이나 수입 관세 지급, 또는 수입 통관 절차를 수행할 의무는 없다.

A	THE SELLERS'S OBLIGATION 매도인의 의무	B	THE BUYER'S OBLIGATION 매수인의 의무
A1	General Obligation of the seller 매도인의 일반 의무 The seller must provide the goods and the commercial invoice in conformity with the contract of sale and any other evidence of conformity that may be required by the contract. 매도인은 매매계약과 일치하는 물품 및 상업송장과 그 밖의 계약에서 요구되는 여타 일치되는 증빙을 제공해야 한다. Any document referred to in A1-A10 may be an equivalent electronic record or procedure if agreed between the parties or customary. 당사자 간에 합의되었거나 관행이 있는 경우, A1-A10에 규정된 서류는 동일한 전자적 기록이나 절차일 수 있다.	B1	General Obligation of the buyer 매수인의 일반 의무 The buyer must pay the price of the goods as provided in the contract of sale. 매수인은 매매계약에서 약정한 바에 따라 물품 대금을 지급해야 한다. Any document referred to in B1-B10 may be an equivalent electronic record or procedure if agreed between the parties or customary. 당사자 간에 합의되었거나 관행이 있는 경우, B1-B10에 규정된 서류는 동일한 전자적 기록이나 절차일 수 있다.
A2	Licences, authorizations, security clearances and other formalities 허가, 인가, 보안 통관 및 기타 절차 Where applicable, the seller must obtain, at its own risk and expense,	B2	Licences, authorizations, security clearances and other formalities 허가, 인가, 보안 통관 및 기타 절차 Where applicable, the buyer must obtain, at its own risk and

any export licence, or other official authorization and carry out all customs formalities necessary for the export of the goods and for their transport through any country prior to delivery.
해당되는 경우에, 매도인은 자신의 위험과 비용으로 수출 허가나 기타 공적 인가를 획득해야 하고, 물품의 수출 및 제3국을 통과하는 인도 전의 운송에 필요한 모든 통관 절차를 수행해야 한다.

expense, any import licence, or other official authorization and carry out all customs formalities for the import of the goods.
해당되는 경우에, 매수인은 자신의 위험과 비용으로 수입 허가나 기타 공적 인가를 획득하고 물품의 수입 통관 절차를 수행해야 한다.

A3 Contracts of carriage and insurance
운송계약과 보험계약

a) Contract of carriage
운송계약

The seller must contract at its own expense for the carriage of the goods to the named terminal at the agreed port or place of destination. If a specific terminal is not agreed or is not determined by practice, the seller may select the terminal at the agreed port or place of destination that best suits its purpose.
매도인은 자신의 비용으로 물품을 합의된 목적 항이나 목적지의 지정

B3 Contracts of carriage and insurance
운송계약과 보험계약

a) Contract of carriage
운송계약

The buyer has no obligation to the seller to make a contract of carriage.
매수인은 매도인에 대해 운송계약을 체결하게 할 의무가 없다.

터미널까지 운송하는 계약을 체결해야 한다. 특정한 터미널이 합의되지 않거나 관행으로 결정되지 않는 경우 매도인은 합의된 목적 항이나 목적지 내에서 그 목적에 가장 적합한 터미널을 선택할 수 있다.	
b) Contract of insurance 보험계약	b) Contract of insurance 보험계약
The seller has no obligation to the buyer to make a contract of insurance. However, the seller must provide the buyer, at the buyer's request, risk, expense(if any), with information that the buyer needs for obtaining insurance. 매도인은 매수인에 대해 보험계약을 체결하게 할 의무가 없다. 그러나 매도인은 매수인의 요청에 따라, 매수인의 위험과 비용(있는 경우)으로 매수인이 보험계약을 체결하는 데 필요한 정보를 제공해야 한다.	The buyer has no obligation to the seller to make a contract of insurance. However, the buyer must provide the seller, upon request, with the necessary information for obtaining insurance. 매수인은 매도인에 대해 보험계약을 체결하게 할 의무가 없다. 그러나 매수인은 매도인의 요청이 있을 경우 보험계약 체결에 필요한 정보를 제공해야 한다.
A4 Delivery 인도	**B4 Taking delivery** 인수
The seller must unload the goods from the arriving means of transport and must then deliver them by placing them at the disposal of the	The buyer must take delivery of the goods when they have been delivered as envisaged in A4. 물품이 A4에 규정된 바와 같이 인

buyer at the named terminal referred to in A3a) at the port or place of destination on the agreed date or within the agreed period. 매도인은 물품을 도착 운송수단에서 양화하고, 물품을 합의된 기일이나 기간 내에 지정 목적 항이나 지정 목적지에 있는 *A3a)* 소정의 지정 터미널에서 매수인에게 인도해야 한다.	도된 경우 매수인은 그 물품을 인수해야 한다.
A5 Transfer of risks 위험 이전 The seller bears all risks of loss of or damage to the goods until they have been delivered in accordance with A4, with the exception of loss or damage in the circumstance described in B5. 매도인은 물품이 A4에 따라 인도되는 시점까지 물품의 멸실 또는 손상의 모든 위험을 부담하되, B5에 규정된 상황에서 발생하는 멸실 또는 손상은 예외로 한다.	**B5 Transfer of risks** 위험 이전 The buyer bears all risks of loss of or damage to the goods from the time they have been delivered as envisaged in A4. 매수인은 물품이 A4의 규정에 따라 인도된 시점부터 물품의 멸실 또는 손상의 모든 위험을 부담한다. If 만약 a) the buyer fails to fulfil its obligation in accordance with B2, then it bears all resulting risks of loss of or damage to the goods; or a) 매수인이 B2에 따른 의무를 이행하지 않는 경우, 매수인은 그로

	인한 모든 물품의 멸실 또는 손상의 위험을 부담한다. 또는 b) the buyer fails to give notice in accordance with B7, then it bears all risks of loss of or damage to the goods from the agreed date or the expiry date of the agreed period for delivery, b) 매수인이 B7에 따른 통지를 하지 않은 경우, 매수인은 합의된 인도 기일이나 인도 기간의 만료일로부터 물품의 멸실 또는 손상의 모든 위험을 부담한다. provided that the goods have been clearly identified as the contract goods. 이 경우 물품이 계약 물품과 명확히 일치해야 한다.
A6 Allocation of costs 비용 분담 The seller must pay 매도인은 다음의 비용을 부담한다. a) in addition to costs resulting from A3 a), all costs relating to the goods until they have been delivered in accordance with A4,	**B6 Allocation of costs** 비용 분담 The buyer must pay 매수인은 다음의 비용을 부담한다. a) all costs relating to the goods from the time they have been delivered as envisaged in A4; a) A4에 규정된 바와 같이 물품이

other than those payable by the buyer as envisaged in B6; and a) A3a)의 규정에 따른 비용에 추가하여, 물품이 A4에 따라 인도될 시점까지 물품과 관련된 모든 비용. 그러나 B6의 규정에 따라 매수인이 부담하는 비용은 제외한다.	인도되는 시점으로부터 물품과 관련한 모든 비용.
	b) any additional costs incurred by the seller if the buyer fail to fulfil its obligation in accordance with B2, or to give notice in accordance with B7, provided that the goods have been clearly identified as the contract goods; and b) 매수인이 B2에 따른 의무를 이행하지 않거나 B7에 따른 통지를 하지 않는 경우, 매도인에게 발생하는 추가 비용. 다만 이를 위해 물품은 계약 물품으로 명확히 특정되어 있어야 한다.
b) Where applicable, the costs of customs formalities necessary for export, as well as all duties, taxes, and other charges payable upon export and the costs for their transport through any country, prior to delivery in accordance	c) where applicable, the costs of customs formalities necessary for export, as well as all duties, taxes, and other charges payable upon import of the goods. c) 해당되는 경우에, 물품의 수입 통관 비용 및 수입 시 부과되는 모

| with A4.. | 든 관세와 세금, 기타 공과금. |
| b) 해당되는 경우, 수출에 필요한 통관 비용과 수출 시 부과되는 모든 관세와 세금, 기타 공과금 및 물품을 A4에 따라 인도하기 전에 제3국을 통과하는 데 드는 운송 비용. | |

| **A7 Notices to the buyer**
매수인에 대한 통지 | **B7 Notices to the seller**
매도인에 대한 통지 |
| The seller must give the buyer any notice needed in order to allow the buyer to take measure that are normally necessary to enable the buyer take delivery of the goods.
매도인은 매수인이 물품을 수령하는 데 있어 통상적으로 필요한 조치를 취할 수 있도록 필요한 통지를 해야 한다. | The buyer must, whenever it is entitled to determine the time within an agreed period and/or the point of taking delivery at the named terminal, give the seller sufficient notice thereof.
매수인은 합의된 수령 시기 내의 특정한 시기, 또는 지정 터미널 내에서 물품을 수령할 지점을 결정할 권리를 가질 때는 매도인에게 그에 관해 충분히 통지해야 한다. |

| **A8 Delivery document**
인도 서류 | **B8 Proof of delivery**
인도의 증명 |
| The seller must provide the buyer, at the seller's expense, with a document enabling the buyer to take delivery of the goods as envisaged in A4/B4.
매도인은 자신의 비용으로 매수인이 A4/B4의 규정에 따라 물품을 | The buyer must accept the delivery document provided as envisaged in A8.
매수인은 A8의 규정에 따라 제공된 운송 서류를 수령해야 한다. |

A9 Checking · packing · marking 검사 · 포장 · 화인	B9 Inspection of goods 물품 검사
수령할 수 있도록 필요한 서류를 제공해야 한다.	

A9 Checking · packing · marking 검사 · 포장 · 화인	B9 Inspection of goods 물품 검사
The seller must pay the costs of those checking operations(such as checking quality, measuring, weighting, counting,) that are necessary for the purpose of delivering the goods in accordance with A4, as well as the costs of any pre-shipment inspection mandated by the authority of the country of export. 매도인은 A4에 따라 물품을 인도하기 위한 목적에서 필요한 검사(예컨대 품질, 용적, 중량, 수량의 검사)에 드는 비용 및 수출국이 강제하는 선적전검사에 드는 비용을 부담해야 한다. The seller must, at its own expense, package the goods, unless it is usual for the particular trade to transport the type of goods sold unpackaged. The seller may package the goods in the manner appropriate	The buyer must pay the costs of any mandatory pre-shipment inspection, except when such inspection is mandated by the authorities of the country of export. 매수인은 강제적인 선적전검사에 드는 비용을 부담해야 하되, 그러한 검사를 수출국이 강제하는 경우는 예외로 한다.

for their transport, unless the buyer has notified the seller of specific packaging requirements before the contract of sale is concluded. Packaging is to be marked appropriately. 매도인은 자신의 비용으로 물품을 포장해야 한다. 다만 특정한 거래에서 물품이 통상적인 방법으로 포장되지 않은 채 매매되어 운송되는 경우는 그러지 않는다. 매도인은 당해 운송에 적절한 방법으로 물품을 포장할 수 있다. 다만 매수인이 매매계약 체결 전에 포장에 관한 특정한 요건을 통지한 경우 그에 따라야 한다. 포장에는 적절한 화인이 표시되어야 한다.	
A10 Assistance **정보에 관한 협조 및 관련 비용** The seller must, where applicable, in a timely manner, provide to or render assistance in obtaining for the buyer, at the buyer's request, risk and expense, any documents and information, including security?related information, that the buyer needs for the import of the goods and/or for their	**B10 Assistance with information and related costs** **정보에 관한 협조 및 관련 비용** The buyer must, in a timely manner, in a timely manner, advise the seller of any security information requirement so that the seller may comply with A10. 매수인은 매도인이 A10의 규정을 준수할 수 있도록, 시기적절한 방법으로 매도인에게 보안 정보에 관한 필요사항을 통지해야 한다.

transport to the final destination. 매도인은 해당되는 경우에, 시기적 절한 방법으로 매수인의 요청에 따라, 매수인의 위험과 비용으로 매수인이 물품의 수입이나 또는 최종 목적지까지 운송에 필요한 여하한 서류와 보안 관련 정보를 포함한 여하한 정보를 제공하거나, 매수인이 그러한 서류와 정보를 획득하는 데 협조해야 한다.

The seller must reimburse the buyer for all costs and charges incurred by the buyer in providing or rendering assistance in obtaining documents and information as envisaged in B10. 매도인은 매수인이 B10의 규정에 따라 서류와 정보를 제공하거나 그러한 서류와 정보를 획득하는 데 협조함으로써 발생한 모든 비용과 부대 비용을 매수인에게 상환해야 한다.

The buyer must reimburse the seller for all costs and charges incurred by the seller in providing or rendering assistance in obtaining documents and information as envisaged in A10. 매수인은 매도인에게 매도인이 A10의 규정에 따라 서류와 정보를 제공하거나 그러한 서류와 정보를 획득하는 데 협조함으로써 발생한 모든 비용과 부대 비용을 상환해야 한다.

The buyer must, where applicable, in a timely manner, provide to or render assistance in obtaining for the seller, at the seller's request, risk and expense, any documents and information, including security-related information, that the seller needs for the transport and export

of the goods and for their transport
through any country.

매수인은 해당되는 경우, 시기적절한 방법으로 매도인의 요청에 따라 매도인의 위험과 비용으로, 매도인이 물품의 운송과 수출 및 제3국을 통과하는 운송에 필요한 여하한 서류와 보안 관련 정보를 포함한 여하한 정보를 제공하거나, 매도인이 그러한 서류와 정보를 획득하는 데 협조해야 한다.

6. DAP : DELIVERED AT PLACE

(insert named place of destination)

도착 장소 인도조건(지정 목적지 기입)

Mode of Transport(운송 방법)

GUIDANCE NOTE

This rule may be used irrespective of the mode of transport selected and may also be used where more than one mode of transport is employed.

이 규칙은 선택한 운송 방식에 상관없이 사용할 수 있으며, 하나 이상의 운송 방식을 채택한 경우에도 사용할 수 있다.

'Delivered at Place' *means that the seller delivers when the goods are placed at the disposal of the buyer on the arriving means of transport ready for unloading at a named place of destination.* The seller bears all risks involved in bringing the goods to the named place.

'도착 장소 인도'란 물품이 지정 목적지에서 도착 운송수단에 실린 채 양화가 준비된 상태로 매수인의 처분 아래에 놓일 수 있도록 매도인이 인도하는 것을 말한다. 매도인은 그러한 지정 장소까지 물품을 운송하는 데 따른 모든 위험을 부담한다.

The parties are well advised to specify as clearly as possible the point within the agreed place of destination, as the risks to that point are for the account of the seller. The seller is advised to procure a contract of carriage that matches this choice precisely. If the seller incurs costs under its contract of carriage related to unloading at the place of destination, the seller is not entitled to recover such costs from the buyer unless otherwise agreed between the parties.

당사자들은 합의된 목적지 내의 지점을 가급적 명확하게 명시하는 것이 바람직하다. 그러한 지정 장소까지의 위험은 매도인이 부담하기 때문에, 매도인은 정확한 내용으로 운송계약을 체결하는 것이 좋다. 매도인이 운송계약에 따라 지정 목적지에서 양화와 관련한 비용을 지출한 경우, 당사자 간에 달리 합의가 되지 않았다면 매도인은 그러한 비용을 매수인에게 구상할 수 없다.

DAP requires the seller to clear the goods for export, where applicable. However, the seller has no obligation to clear the goods for import, pay any import duty or carry out any import customs formalities. If the parties wish the seller to clear the goods for import, pay any import duty and carry out any import customs formalities, the DDP term should be used.

DAP에서 매도인은 해당되는 경우 물품의 수출 통관을 해야 한다. 그러나 매도인은 물품의 수입 통관이나 수입 관세 부담, 또는 수입 통관 절차를 수행할 의무는 없다. 당사자 간에 매도인이 물품의 수입 통관이나 수입 관세 부담, 수입 통관 절차를 수행하도록 원하는 경우 DDP가 사용돼야 한다.

A THE SELLERS'S OBLIGATION 매도인의 의무	B THE BUYER'S OBLIGATION 매수인의 의무
A1 General Obligation of the seller 매도인의 일반 의무 The seller must provide the goods and the commercial invoice in conformity with the contract of sale and any other evidence of conformity that may be required by the contract. 매도인은 매매계약에 일치하는 물품 및 상업송장과 그 밖의 계약에서 요구되는 여타 일치하는 증빙서류를 제공해야 한다. Any document referred to in A1-A10 may be an equivalent electronic record or procedure if agreed between the parties or customary. 당사자 간에 합의되었거나 관행이 있는 경우, A1-A10에 규정된 서류는 동일한 전자적 기록이나 절차일 수 있다.	**B1** General Obligation of the buyer 매수인의 일반 의무 The buyer must pay the price of the goods as provided in the contract of sale. 매수인은 매매계약에서 약정한 바에 따라 물품 대금을 지급해야 한다. Any document referred to in B1-B10 may be an equivalent electronic record or procedure if agreed between the parties or customary. 당사자 간에 합의되었거나 관행이 있는 경우, B1-B10에 규정된 서류는 동일한 전자적 기록이나 절차일 수 있다.
A2 Licences, authorizations, security clearances and other formalities 허가, 인가, 보안 통관 및 기타 절차 Where applicable, the seller must obtain, at its own risk and expense, any export licence, or other official	**B2** Licences, authorizations, security clearances and other formalities 허가, 인가, 보안 통관 및 기타 절차 Where applicable, the buyer must obtain, at its own risk and expense, any import licence, or

authorization and carry out all customs formalities necessary for the export of the goods and for their transport through any country prior to delivery. 해당되는 경우에, 매도인은 자신의 위험과 비용으로 수출 허가나 기타 공적 인가를 획득해야 하고, 물품의 수출 및 제3국을 통과하는 인도 전의 운송에 필요한 모든 통관 절차를 수행해야 한다.	other official authorization and carry out all customs formalities for the import of the goods. 해당되는 경우에, 매수인은 자신의 위험과 비용으로 수입 허가나 기타 공적 인가를 획득하고 물품의 수입 통관 절차를 수행해야 한다.
A3 Contracts of carriage and insurance **운송계약과 보험계약** a) Contract of carriage 　운송계약 The seller must contract at its own expense for the carriage of the goods to the named place of destination or to the agreed point, if any, at the named place of destination. If a specific point is not agreed or is not determined by practice, the seller may select the point at the agreed place of destination that best suits its purpose. 매도인은 자신의 비용으로 물품을 지정 목적지까지, 또는 그 지정 목	**B3 Contracts of carriage and insurance** **운송계약과 보험계약** a) Contract of carriage 　운송계약 The buyer has no obligation to the seller to make a contract of carriage. 매수인은 매도인에 대해 운송계약을 체결하게 할 의무가 없다.

적지에 합의된 지점이 있을 때는 그 지점까지 운송하는 계약을 체결해야 한다. 특정한 지점이 합의되지 않거나 관행에 따라 결정되지 않는 경우, 매도인은 지정 목적지 내에서 그의 목적에 가장 적합한 지점을 선택할 수 있다.

b) Contract of insurance
　보험계약

The seller has no obligation to the buyer to make a contract of insurance. However, the seller must provide the buyer, at the buyer' s request, risk, expense(if any), with information that the buyer needs for obtaining insurance.
매도인은 매수인에 대해 보험계약을 체결하게 할 의무가 없다. 그러나 매수인의 요청에 따라, 매수인의 위험과 비용(있는 경우)으로 매수인이 보험계약을 체결하는 데 필요한 정보를 제공해야 한다.

b) Contract of insurance
　보험계약

The buyer has no obligation to the seller to make a contract of insurance. However, the buyer must provide the seller, upon request, with the necessary information for obtaining insurance.
매수인은 매도인에 대해 보험계약을 체결하게 할 의무가 없다. 그러나 매도인의 요청이 있을 때는 보험계약을 체결하는 데 필요한 정보를 제공해야 한다.

A4　Delivery
　인도

The seller must deliver the goods by placing them at the disposal of the

B4　Taking delivery
　인수

The buyer must take delivery of the goods when they have been

buyer <u>on the arriving means of transport</u> ready for unloading at the agreed point, if any, at the named place of destination on the agreed date or within the agreed period. 매도인은 물품을 합의된 기일이나 기간 내에 지정 목적지, 또는 그 지정 목적지 내에 합의된 지점이 있는 경우 그 지점에서 도착 운송수단에 실어둔 채 양화가 준비된 상태로 매수인이 처분할 수 있게 인도해야 한다.	delivered as envisaged in A4. 물품이 A4에 규정된 바와 같이 인도되면 매수인은 그 물품을 인수해야 한다.
A5 Transfer of risks 위험 이전 The seller bears all risks of loss of or damage to the goods until they have been delivered in accordance with A4, with the exception of loss or damage in the circumstance described in B5. 매도인은 물품이 A4에 따라 인도되는 시점까지 물품의 멸실 또는 손상과 관련한 모든 위험을 부담하되, B5에 규정된 상황에서 발생하는 멸실 또는 손상은 예외로 한다.	**B5 Transfer of risks** 위험 이전 The buyer bears all risks of loss of or damage to the goods from the time they have been delivered as envisaged in A4. 매수인은 물품이 A4의 규정에 따라 인도된 시점부터 물품의 멸실 또는 손상의 모든 위험을 부담한다. If 만약 a) the buyer fails to fulfil its obligation in accordance with B2, then it bears all resulting risks of loss of or damage to the goods; or

	a) 매수인이 B2에 따른 의무를 이행하지 않는 경우, 매수인은 그로 인한 모든 물품의 멸실 또는 손상의 위험을 부담한다. 또는 b) the buyer fails to give notice in accordance with B7, then it bears all risks of loss of or damage to the goods from the agreed date or the expiry date of the agreed period for delivery, b) 매수인이 B7에 따른 통지를 하지 않은 경우, 매수인은 합의된 인도 기일이나 합의된 인도 기간의 만료일부터 물품의 멸실 또는 손상의 모든 위험을 부담한다. provided that the goods have been clearly identified as the contract goods. 다만 이 경우 물품은 계약 물품과 명확히 일치해야 한다.
A6 Allocation of costs **비용 분담** The seller must pay 매도인은 다음 비용을 부담한다. a) in addition to costs resulting	**B6 Allocation of costs** **비용 분담** The buyer must pay 매수인은 다음 비용을 부담한다. a) all costs relating to the goods

from A3a), all costs relating to the goods until they have been delivered in accordance with A4, other than those payable by the buyer as envisaged in B6;

a) A3a)의 규정에 따른 비용에 추가하여, 물품이 A4에 따라 인도되는 시점까지 물품과 관련한 모든 비용. 그러나 B6의 규정에 따라 매수인이 부담하는 비용은 제외한다.

b) any charges for unloading at the place of destination that were for the seller's account under the contract of carriage; and

b) 운송계약상 매도인이 부담하기로 한 목적지의 양화 비용.

from the time they have been delivered as envisaged in A4;

a) A4에 규정된 바와 같이 물품이 인도되는 시점부터 물품과 관련한 모든 비용.

b) all costs of unloading necessary to take delivery of the goods from the arriving means of transport at the named place of destination, unless such costs were for the seller's account under the contract of carriage;

b) 지정 목적지에서 도착 운송수단으로부터 물품을 수령하는 데 필요한 모든 양화 비용. 그러나 그러한 비용을 운송계약상 매도인이 부담하기로 했다면 그에 따른다.

c) any additional costs incurred by the seller if the buyer fail to fulfil its obligation in accordance with B2 or to give notice in accordance with B7, provided that the goods have been clearly identified as the contract goods; and

	c) 매수인이 B2에 따른 의무를 이행하지 않거나 B7에 따른 통지를 하지 않아 매도인에게 발생하는 추가 비용. 다만 이를 위해 물품은 계약 물품으로 명확히 특정되어 있어야 한다.
c) Where applicable, the costs of customs formalities necessary for export, as well as all duties, taxes, and other charges payable upon export and the costs for their transport through any country, prior to delivery in accordance with A4.. c) 해당되는 경우, 수출에 필요한 통관 비용과 수출 시 부과되는 모든 관세와 세금, 기타 공과금 및 물품을 A4에 따라 인도하기 전에 제3국을 통과하는 데는 운송 비용.	d) where applicable, the costs of customs formalities necessary for export, as well as all duties, taxes, and other charges payable upon import of the goods. d) 해당되는 경우, 물품의 수입 통관 비용 및 수입 시 부과되는 모든 관세와 세금, 기타 공과금.
A7 Notices to the buyer 매수인에 대한 통지 The seller must give the buyer any notice needed in order to allow the buyer to take measure that are normally necessary to enable the buyer take delivery of the goods. 매도인은 매수인이 물품을 수령하는 데 통상적으로 필요한 조치를	**B7 Notices to the seller** 매도인에 대한 통지 The buyer must, whenever it is entitled to determine the time within an agreed period and/or the point of taking delivery within the named place of destination, give the seller sufficient notice thereof. 매수인은 합의된 수령 시기 내의

취할 수 있도록 필요한 통지를 해야 한다.	어느 시기, 지정 목적지에서 수령할 지점을 결정할 권리를 가질 때는 매도인에게 그에 관해 충분히 통지해야 한다.
A8 Delivery document **인도 서류** The seller must provide the buyer, at the seller's expense, with a document enabling the buyer to take delivery of the goods as envisaged in A4/B4. 매도인은 자신의 비용으로 매수인이 A4/B4의 규정에 따라 물품의 인도를 수령할 수 있도록 필요한 서류를 제공해야 한다.	**B8 Proof of delivery** **인도의 증명** The buyer must accept the delivery document provided as envisaged in A8. 매수인은 A8의 규정에 따라 제공된 운송 서류를 수령해야 한다.
A9 Checking · packing · marking **검사 · 포장 · 화인** The seller must pay the costs of those checking operations(such as checking quality, measuring, weighting, counting,) that are necessary for the purpose of delivering the goods in accordance with A4, as well as the costs of any pre-shipment inspection mandated by the authority of the country of export. 매도인은 A4에 따라 물품을 인도	**B9 Inspection of goods** **물품 검사** The buyer must pay the costs of any mandatory pre?shipment inspection, except when such inspection is mandated by the authorities of the country of export. 매수인은 강제적인 선적전검사에 드는 비용을 부담하되, 다만 그러한 검사를 수출국이 강제하는 경우는 예외로 한다.

하기 위한 목적에서 필요한 검사
(예컨대 품질, 용적, 중량, 수량의
검사)에 드는 비용 및 수출국이 강
제하는 선적전검사에 드는 비용을
부담해야 한다.

The seller must, at its own
expense, package the goods,
unless it is usual for the
particular trade to transport the
type of goods sold unpackaged.
The seller may package the
goods in the manner appropriate
for their transport, unless the
buyer has notified the seller of
specific packaging requirements
before the contract of sale is
concluded. Packaging is to be
marked appropriately.
매도인은 자신의 비용으로 물품을
포장해야 한다. 다만 특정한 거래
에서 물품이 통상적인 형태로 포장
되지 않은 채 매매되어 운송되는
경우에는 그러지 않는다. 매도인은
당해 운송에 적절한 방법으로 물품
을 포장할 수 있다. 다만 매수인이
매매계약 체결 전에 포장에 관한
특정한 요건을 통지한 경우 그에
따라야 한다. 포장에는 적절한 화
인이 표시되어야 한다.

A10 Assistance
정보에 관한 협조 및 관련 비용

The seller must, where applicable, in a timely manner, provide to or render assistance in obtaining for the buyer, at the buyer's request, risk and expense, any documents and information, including security-related information, that the buyer needs for the import of the goods and/or for their transport to the final destination.

매도인은 해당되는 경우, 시기적절한 방법으로 매수인의 요청에 따라, 매수인의 위험과 비용으로 매수인이 물품의 수입 및 최종 목적지까지 운송에 필요한 여하한 서류와 보안 관련 정보를 포함한 여하한 정보를 제공하거나, 매수인이 그러한 서류와 정보를 획득하는 데 협조해야 한다.

The seller must reimburse the buyer for all costs and charges incurred by the buyer in providing or rendering assistance in obtaining documents and information as envisaged in B10.

B10 Assistance with information and related costs
정보에 관한 협조 및 관련 비용

The buyer must, in a timely manner, in a timely manner, advise the seller of any security information requirement so that the seller may comply with A10.

매수인은 매도인이 A10의 규정을 준수할 수 있도록, 시기적절한 방법으로 매도인에게 보안 정보와 관련한 필요 사항을 통지해야 한다.

The buyer must reimburse the seller for all costs and charges incurred by the seller in providing or rendering assistance in obtaining documents and information as envisaged in A10.

매도인은 매수인이 B10의 규정에 따라 서류와 정보를 제공하거나, 그러한 서류와 정보를 획득할 수 있게 협조함으로써 발생한 모든 비용과 부대 비용을 매수인에게 상환해야 한다.

매수인은 매도인에게 매도인이 A10의 규정에 따라 서류와 정보를 제공하거나 그러한 서류와 정보를 획득할 수 있게 협조함으로써 발생한 모든 비용과 부대 비용을 상환해야 한다.

The buyer must, where applicable, in a timely manner, provide to or render assistance in obtaining for the seller, at the seller's request, risk and expense, any documents and information, including security-related information, that the seller needs for the transport and export of the goods and for their transport through any country.

매수인은 해당되는 경우, 시기적절한 방법으로 매도인의 요청에 따라, 매도인의 위험과 비용으로 매도인이 물품의 운송과 수출 및 제3국을 통과하는 운송에 필요한 여하한 서류와 보안 관련 정보를 포함한 여하한 정보를 제공하거나, 매도인이 그러한 서류와 정보를 획득하는 데 협조해야 한다.

7. DDP : DELIVERED DUTY PAID
(insert named place of destination)
관세 지급 인도조건(지정 목적지 기입)

DELIVERY

Mode of Transport(운송 방법)

Ship   Air   Rail   Truck

GUIDANCE NOTE
사용 안내 지침

This rule may be used irrespective of the mode of transport selected and may also be used where more than one mode of transport is employed.

이 규칙은 선택한 운송 방식에 상관없이 사용할 수 있으며, 하나 이상의 운송 방식을 채택한 경우에도 사용할 수 있다.

'Delivered Duty Paid' means that the seller delivers the goods when the goods are placed at the disposal of the buyer, cleared for import on the arriving means of transport ready for unloading at the named place of destination.?The seller bears all the costs and risks involved in bringing the goods to the place of destination and has an obligation to clear the export and import and to carry out all customs formalities.

'관세 지급 인도'는 수입 통관된 물품이 지정 목적지에서 도착 운송수단에 실린 채 양화가 준비된 상태로 매수인의 손에 들어갈 수 있도록 매도인이 인도하는 것을 말한다. 매도인은 그러한 목적지까지 물품을 운송하는 데 따르는 모든 위험을 부담하고, 또한 물품의 수출 통관 및 수입 통관을 해야 하고, 수출관세 및 수입관세를 부담하며, 모든 통관 절차를 수행해야 하는 의무를 부담한다.

DDP represents the maximum obligation for the seller.

DDP는 매도인의 최대 의무를 표방한다.

The parties are well advised to specify as clearly as possible the point within the agreed place of destination, as the risks to that point are for the account of the seller. The seller is advised to procure a contract of carriage that matches this choice precisely. If the seller incurs costs under its contract of carriage related to unloading at the place of destination, the seller is not entitled to recover such costs from the buyer unless otherwise agreed between the parties.

당사자들은 합의된 목적지 내의 지점을 가급적 명확하게 명시하는 것이 바람직하다. 그러한 지점까지의 위험은 매도인이 부담하기 때문에, 매도인은 이러한 선택을 할 때는 만족할 만큼 정확한 내용으로 운송계약을 체결하는 것이 좋다. 매도인이 운송계약에 따라 지정 목적지에서 양화와 관련한 비용을 지출한 경우, 당사자 간에 다른 형식으로 합의되지 않았다면 매도인은 그 비용을 매수인에게 구상할 수 없다.

The parties are well advised not to use DDP if the seller is unable directly or indirectly to obtain import clearance.

매도인이 직접 또는 간접으로 수입 통관을 수행할 수 없는 경우 DDP를 사용하지 않는 것이 좋다.

If the parties wish the buyer to bear all risks and costs of the import clearance, the DAP rule should be used.

매도인이 직접 또는 간접으로 수입 통관을 수행할 수 없는 경우 DDP를 사용하지 않는 것이 좋다.

Any VAT or other taxes payable upon import are for the seller's account unless expressly agreed otherwise in the sales contract.

수입 시 부과되는 부가가치세나 기타 세금은 매도인이 부담하되, 매매계약에서 명시적으로 달리 합의된 경우는 그에 따른다.

A THE SELLERS'S OBLIGATION 매도인의 의무	B THE BUYER'S OBLIGATION 매수인의 의무
A1 General Obligation of the seller 매도인의 일반 의무 The seller must provide the goods and the commercial invoice in conformity with the contract of sale and any other evidence of conformity that may be required by the contract. 매도인은 매매계약에 일치하는 물품 및 상업송장과 그 밖의 계약에서 요구되는 여타 일치되는 증빙서류를 제공해야 한다. Any document referred to in A1-A10 may be an equivalent electronic record or procedure if agreed between the parties or customary. 당사자 간에 합의되었거나 관행이 있는 경우, A1-A10에 규정된 서류는 동일한 전자적 기록이나 절차일 수 있다.	B1 General Obligation of the buyer 매수인의 일반 의무 The buyer must pay the price of the goods as provided in the contract of sale. 매수인은 매매계약에서 약정한 바에 따라 물품 대금을 지급해야 한다. Any document referred to in B1-B10 may be an equivalent electronic record or procedure if agreed between the parties or customary. 당사자 간에 합의되었거나 관행이 있는 경우, B1-B10에 규정된 서류는 동일한 전자적 기록이나 절차일 수 있다.
A2 Licences, authorizations, security clearances and other formalities 허가, 인가, 보안 통관 및 기타 절차 Where applicable, the seller must obtain, at its own risk and expense,	B2 Licences, authorizations, security clearances and other formalities 허가, 인가, 보안 통관 및 기타 절차 Where applicable, the buyer must provide assistance to the

any export and import licence, or other official authorization and carry out all customs formalities necessary for the export of the goods, for their transport through any country and for their import. 해당되는 경우, 매도인은 자신의 위험과 비용으로 수출 허가나 기타 공적 인가를 획득해야 하고, 물품의 수출과 제3국을 통과하는 인도 전의 운송 및 수입에 필요한 모든 통관 절차를 수행해야 한다.	seller, at seller's request, risk and expense, in obtaining any import licence or other official authorization for the import of the goods. 해당되는 경우, 매수인은 매도인의 요청에 따라 매도인의 위험과 비용으로 매도인이 물품의 수입 허가나 기타 공적 인가를 획득하는 데 협조해야 한다.
A3 Contracts of carriage and insurance **운송계약과 보험계약** a) Contract of carriage 　운송계약 The seller must contract at its own expense for the carriage of the goods to the named place of destination or to the agreed point, if any, at the named place of destination. If a specific point is not agreed or is not determined by practice, the seller may select the point at the agreed place of destination that best suits its purpose.	**B3 Contracts of carriage and insurance** **운송계약과 보험계약** a) Contract of carriage 　운송계약 The buyer has no obligation to the seller to make a contract of carriage. 매수인은 매도인에 대해 운송계약을 체결할 의무가 없다.

매도인은 자신의 비용으로 물품을 지정 목적지까지, 또는 그 지정 목적지에 합의된 지점이 있는 경우 그 지점까지 운송하는 계약을 체결해야 한다. 특정한 지점이 합의되지 않았거나 관행에 따라 결정되지 않은 경우, 매도인은 지정 목적지 내에서 그 목적에 가장 적합한 지점을 선택할 수 있다.

b) Contract of insurance
보험계약

The seller has no obligation to the buyer to make a contract of insurance. However, the seller must provide the buyer, at the buyer's request, risk, expense(if any), with information that the buyer needs for obtaining insurance.
매도인은 매수인에 대해 보험계약을 체결하게 할 의무가 없다. 그러나 매도인은 매수인의 요청에 따라, 매수인의 위험과 비용(있는 경우)으로 매수인이 보험계약을 체결하는 데 필요한 정보를 제공해야 한다.

b) Contract of insurance
보험계약

The buyer has no obligation to the seller to make a contract of insurance. However, the buyer must provide the seller, upon request, with the necessary information for obtaining insurance.
매수인은 매도인으로 하여금 보험계약을 체결하게 할 의무가 없다. 그러나 매수인은 요청이 있는 때는 매도인에게 보험계약 체결에 필요한 정보를 제공해야 한다.

A4 Delivery 인도	B4 Taking delivery 인수
The seller must deliver the goods by placing them at the disposal of the buyer on the arriving means of transport ready for unloading at the agreed point, if any, at the named place of destination on the agreed date or within the agreed period. 매도인은 물품을 합의된 기일에나 합의된 기간 내에 지정 목적지나 또는 그 지정 목적지 내에 합의된 지점이 있을 때는 그 지점에서 도착 운송수단에 실어둔 채 양화를 준비하고 매수인이 처분할 수 있게 인도해야 한다.	The buyer must take delivery of the goods when they have been delivered as envisaged in A4. 물품이 A4에 규정된 바와 같이 인도된 때에 매수인은 그 물품을 인수해야 한다.
A5 Transfer of risks 위험 이전	B5 Transfer of risks 위험 이전
The seller bears all risks of loss of or damage to the goods until they have been delivered in accordance with A4, with the exception of loss or damage in the circumstance described in B5. 매도인은 물품이 A4에 따라 인도될 때까지 물품의 멸실 또는 손상과 관련한 모든 위험을 부담하되, B5에 규정된 상황에서 발생하는	The buyer bears all risks of loss of or damage to the goods from the time they have been delivered as envisaged in A4. 매수인은 물품이 A4의 규정에 따라 인도된 때로부터 물품의 멸실 또는 손상의 모든 위험을 부담한다. If 만약

멸실 또는 손상은 예외로 한다.	a) the buyer fails to fulfil its obligation in accordance with B2, then it bears all resulting risks of loss of or damage to the goods; or a) 매수인이 B2에 따른 의무를 이행하지 않는 경우, 매수인은 그로 인한 모든 물품의 멸실 또는 손상의 위험을 부담한다. 또는 b) the buyer fails to give notice in accordance with B7, then it bears all risks of loss of or damage to the goods from the agreed date or the expiry date of the agreed period for delivery, b) 매수인이 B7에 따른 통지를 하지 않은 경우, 매수인은 합의된 인도 기일이나 합의된 인도 기간의 만료일부터 물품의 멸실 또는 손상의 모든 위험을 부담한다. provided that the goods have been clearly identified as the contract goods. 다만 이런 경우 물품이 계약 물품과 명확히 일치해야 한다.

A6 Allocation of costs	B6 Allocation of costs
비용 분담	비용 분담

A6 Allocation of costs
비용 분담

The seller must pay
매도인은 다음의 비용을 부담한다.

a) in addition to costs resulting from A3a), all costs relating to the goods until they have been delivered in accordance with A4, other than those payable by the buyer as envisaged in B6;
a) A3a)의 규정에 따른 비용에 추가하여, 물품이 A4에 따라 인도될 때까지 물품과 관련한 모든 비용. 그러나 B6의 규정에 따라 매수인이 부담하는 비용은 제외한다.

b) any charges for unloading at the place of destination that were for the seller's account under the contract of carriage; and
b) 운송계약상 매도인이 부담하기로 한 목적지의 양화 비용.

B6 Allocation of costs
비용 분담

The buyer must pay
매수인은 다음의 비용을 부담한다.

a) all costs relating to the goods from the time they have been delivered as envisaged in A4;
a) A4에 규정된 바와 같이 물품이 인도되는 시점부터 물품과 관련한 모든 비용.

b) all costs of unloading necessary to take delivery of the goods from the arriving means of transport at the named place of destination, unless such costs were for the seller's account under the contract of carriage; and
b) 지정 목적지에서 도착 운송 수단으로부터 물품을 수령하는 데 필요한 모든 양화 비용. 그러나 그러한 비용을 운송계약상 매도인이 부담하기로 했을 경우는 그에 따른다.

c) Where applicable, the costs of customs formalities necessary for export and import as well as all duties, taxes, and other charges payable upon export and import of the goods, the costs for their transport through any country prior to delivery in accordance with A4..

c) 해당되는 경우, 수출과 수입에 필요한 통관 비용과 수출 및 수입 시 부과되는 모든 관세와 세금, 기타 공과금 및 물품을 A4에 따라 인도하기 전에 제3국을 통과하는 데 드는 운송 비용.

c) any additional costs incurred if it fails to fulfil its obligation in accordance with B2 or to give notice in accordance with B7, provided that the goods have been clearly identified as the contract goods.

c) 매수인이 B2에 따른 의무를 이행하지 않거나 B7에 따른 통지를 하지 않는 경우, 매도인에게 발생하는 추가 비용. 다만 이럴 경우 물품은 계약 물품으로 명확히 특정되어 있어야 한다.

A7	Notices to the buyer 매수인에 대한 통지	B7	Notices to the seller 매도인에 대한 통지

A7 Notices to the buyer
매수인에 대한 통지

The seller must give the buyer any notice needed in order to allow the buyer to take measure that are normally necessary to enable the buyer take delivery of the goods.

매도인은 매수인이 물품을 수령할 수 있도록 통상적으로 필요한 조치를 취할 수 있게 필요한 통지를 해야 한다.

B7 Notices to the seller
매도인에 대한 통지

The buyer must, whenever it is entitled to determine the time within an agreed period and/or the point of taking delivery within the named place of destination, give the seller sufficient notice thereof.

매수인은 합의된 수령 시기 내의 어느 시기, 또는 지정 목적지 내에서 수령할 지점을 결정할 권리를 가진 경우 매도인에게 그에 관해 충분히 통지해야 한다.

<table>
<tr><td>

A8 Delivery document

인도 서류

The seller must provide the buyer, at the seller's expense, with a document enabling the buyer to take delivery of the goods as envisaged in A4/B4.

매도인은 자신의 비용으로 매수인이 A4/B4의 규정에 따라 물품의 인도를 수령할 수 있도록 서류를 제공해야 한다.

</td><td>

B8 Proof of delivery

인도의 증명

The buyer must accept the proof of delivery provided as envisaged in A8.

매수인은 A8의 규정에 따라 제공된 인도의 증빙을 수령해야 한다.

</td></tr>
<tr><td>

A9 Checking · packing · marking

검사 · 포장 · 화인

The seller must pay the costs of those checking operations(such as checking quality, measuring, weighting, counting,) that are necessary for the purpose of delivering the goods in accordance with A4, as well as the costs of any pre-shipment inspection mandated by the authority of the country of export.

매도인은 A4에 따라 물품을 인도하기 위한 목적에서 필요한 검사(예컨대 품질, 용적, 중량, 수량의 검사)에 드는 비용 및 수출국이 강제하는 선적전검사에 드는 비용을

</td><td>

B9 Inspection of goods

물품 검사

The buyer has no obligation to the seller to pay the costs of any mandatory pre-shipment inspection mandated by the authority of the country of export or of import.

매수인은 매도인에 대해 수출국이나 수입국이 강제하는 선적전검사에 드는 비용을 부담할 의무가 없다.

</td></tr>
</table>

부담해야 한다.

The seller must, at its own expense, package the goods, unless it is usual for the particular trade to transport the type of goods sold unpackaged. The seller may package the goods in the manner appropriate for their transport, unless the buyer has notified the seller of specific packaging requirements before the contract of sale is concluded. Packaging is to be marked appropriately.

매도인은 자신의 비용으로 물품을 포장해야 한다. 다만 특정한 거래에서 물품이 통상적인 형태로 포장되지 않은 채 매매되어 운송되는 경우에는 그러지 않는다. 매도인은 당해 운송에 적절한 방법으로 물품을 포장할 수 있다. 다만 매수인이 매매계약 체결 전에 포장에 관한 특정한 요건을 통지한 경우 그에 따라야 한다. 포장에는 적절한 화인이 표시되어야 한다.

A10 Assistance

정보에 관한 협조 및 관련 비용

The seller must, where applicable, in a timely manner, provide to or render assistance in obtaining for the buyer, at the buyer' s request, risk and expense, any documents and information, including security-related information, that the buyer needs for the transport of the goods to the final destination, where applicable, from the named place of destination.

매도인은 해당되는 경우에, 시기적절한 방법으로 매수인의 요청에 따라, 매수인의 위험과 비용으로 매수인이 지정한 최종 목적지까지의 운송에 필요한 여하한 서류와 보안관련 정보를 포함한 여하한 정보를 제공하거나, 매수인이 그러한 서류와 정보를 획득하는 데 협조해야 한다.

The seller must reimburse the buyer for all costs and charges incurred by the buyer in providing or rendering assistance in obtaining documents and

B10 Assistance with information and related costs

정보에 관한 협조 및 관련 비용

The buyer must, in a timely manner, in a timely manner, advise the seller of any security information requirement so that the seller may comply with A10.

매수인은 매도인이 A10의 규정을 준수할 수 있도록, 시기적절한 방법으로 매도인에게 보안정보에 관한 필요사항을 통지해야 한다.

The buyer must reimburse the seller for all costs and charges incurred by the seller in providing or rendering assistance in obtaining documents and information as

information as envisaged in B10.
매도인은 B10의 규정에 따라 매수인에게 서류와 정보를 제공하거나 그러한 서류와 정보를 획득할 수 있도록 협조함으로써 발생한 모든 비용과 부대 비용을 매수인에게 상환해야 한다.

envisaged in A10.
매수인은 A10의 규정에 따라 매도인에게 서류와 정보를 제공하거나, 그러한 서류와 정보를 획득할 수 있게 협조함으로써 발생한 모든 비용과 부대 비용을 상환해야 한다.

The buyer must, where applicable, in a timely manner, provide to or render assistance in obtaining for the seller, at the seller's request, risk and expense, any documents and information, including security-related information, that the seller needs for the transport, export and import of the goods and for their transport through any country.
매수인은 해당되는 경우에, 시기적절한 방법으로 매도인의 요청에 따라 매도인의 위험과 비용으로, 매도인이 물품의 운송과 수출·수입 및 제3국을 통과하는 운송에 필요한 여하한 서류와 보안 관련 정보를 포함한 여하한 정보를 제공하거나, 매도인이 그러한 서류와 정보를 획득하는 데 협조해야 한다.

RULES FOR SEA AND INLAND WATERWAY TRANSPORT

(해상 운송과 내수로 운송에 사용 가능한 규칙)

Mode of Transport(운송 방법)

Ship

8. FAS : FREE ALONGSIDE SHIP(선측 인도조건)

9. FOB : FREE ON BOARD(본선 인도조건)

10. CFR : COST AND FREIGHT(운임 포함 인도조건)

11. CIF : COST INSURANCE AND FREIGHT(운임 · 보험료 포함 인도조건)

8. FAS : FREE ALONGSIDE SHIP
(insert named port of shipment)
선측 인도조건(지정 선적항 기입)

Mode of Transport(운송 방법)

Ship only

GUIDANCE NOTE
사용 안내 지침

This rule is to be used only for sea or inland waterway transport.

이 규칙은 오직 해상 운송이나 내륙수로 운송의 경우에만 이용되어야 한다.

'Free Alongside Ship' means that the seller delivers when the goods are placed alongside the vessel(e.g., on a quay or a barge) nominated by the buyer at the named port of shipment. The risks of loss of or damage to the goods passes when the goods are alongside the ship, and the buyer bears all costs from that moment onwards.

'선측 인도'는 물품이 지정 선적항에서 매수인이 지정한 본선의 선측(예컨대 부두 위 혹은 바지선상)에 놓이는 시점에서 매도인이 인도하는 것을 의미한다. 물품의 멸실 또는 손상의 위험은 물품이 선측에 놓인 때에 이전하며, 매수인은 그러한 시점 이후의 모든 비용을 부담한다.

The parties are well advised to specify as clearly as possible the loading point at the named port of shipment, as the risks to that point are for the account of the seller and these costs and associated handling charges may vary according to the practice of the port.

당사자들은 지정 선적항 내의 적재 지점을 가급적 명확하게 명시하는 것이 바람직하다. 그러한 지점까지 비용과 위험을 매도인이 부담하고, 또한 그러한 비용 및 관련 화물 취급 비용이 각 항구마다 다양하기 때문이다.

The seller is required either to deliver the goods alongside the ship or to procure goods already so delivered for shipment. The reference to 'procure' here caters for multiple sales down a chain('string sales'), particularly common in the commodity trades.

매도인은 물품을 선측에 인도하거나 선적을 위해 인도된 물품을 조달해야 한다. 여기에 '조달(procure)'을 규정한 것은 특히 1차산품 거래(commodity trade)에서 보편적인 복수의 연속적 매매('연속 매매')에 대응하기 위해서다.

Where the goods are in containers, it is typical for the seller to hand the goods over to the carrier at a terminal and not alongside the vessel. In such situations, the FAS rule would be inappropriate, and the FCA rule should be used.

물품이 컨테이너에 적재되는 경우에는 매도인이 물품을 선측이 아니라 터미널에서 운송인에게 인계하는 것이 전형적이다. 이러한 경우, FAS 조건은 부적절하기 때문에 FCA 조건이 사용되어야 한다.

FAS requires the seller to clear the goods for export, where applicable. However, the seller has no obligation to clear the goods for import, pay any import duty or carry out any import customs formalities.

FAS 조건에서 매도인은 해당되는 경우 물품의 수출 통관을 해야 한다. 그러나 매도인은 물품의 수입 통관이나 수입 관세 부담, 또는 수입 통관 절차를 수행할 의무가 없다.

A THE SELLERS'S OBLIGATION 매도인의 의무	B THE BUYER'S OBLIGATION 매수인의 의무
A1 General Obligation of the seller 매도인의 일반 의무 The seller must provide the goods and the commercial invoice in conformity with the contract of sale and any other evidence of conformity that may be required by the contract. 매도인은 매매계약에 일치하는 물품 및 상업송장과 그 밖의 계약에서 요구되는 여타 일치되는 증빙서류를 제공해야 한다. Any document referred to in A1-A10 may be an equivalent electronic record or procedure if agreed between the parties or customary. 당사자 간에 합의되었거나 관행이 있는 경우, A1-A10에 규정된 서류는 동일한 전자적 기록이나 절차일 수 있다.	**B1** General Obligation of the buyer 매수인의 일반 의무 The buyer must pay the price of the goods as provided in the contract of sale. 매수인은 매매계약에서 약정한 바에 따라 물품 대금을 지급해야 한다. Any document referred to in B1-B10 may be an equivalent electronic record or procedure if agreed between the parties or customary. 당사자 간에 합의되었거나 관행이 있는 경우, B1-B10에 규정된 서류는 동일한 전자적 기록이나 절차일 수 있다.
A2 Licences, authorizations, security clearances and other formalities 허가, 인가, 보안 통관 및 기타 절차 Where applicable, the seller must obtain, at its own risk and expense, any export licence, or other official	**B2** Licences, authorizations, security clearances and other formalities 허가, 인가, 보안 통관 및 기타 절차 Where applicable, it is up to the buyer to obtain, at its own risk and expense, any import licence, or

authorization and carry out all customs formalities necessary for the export of the goods. 해당되는 경우에, 매도인은 자신의 수출 허가나 기타 공적 인가를 획득해야 하고, 물품의 수출에 필요한 모든 통관 절차를 수행해야 한다.	other official authorization and carry out all customs formalities for the import of the goods and for their transport through any country. 해당되는 경우에, 매수인 자신의 위험과 비용으로 수입 허가나 기타 공적 인가를 획득해야 한다. 또한 물품의 수입과 제3국을 통과하는 운송에 필요한 모든 통관 절차를 수행하는 것도 매수인의 몫이다.

A3 Contracts of carriage and insurance 운송계약과 보험계약   B3 Contracts of carriage and insurance 운송계약과 보험계약

a) Contract of carriage 운송계약 The seller has no obligation to the buyer to make a contract of carriage. However, if requested by the buyer or if it is commercial practice and the buyer does not give an instruction to the contrary in due time, the seller may contract for carriage on usual terms at the buyer's risk and expense. In either case, the seller may decline to make the contract of carriage and, if it does, shall promptly notify the buyer. 매도인은 매수인에 대해 운송계약을 체결하게 할 의무가 없다. 그러	a) Contract of carriage 운송계약 The buyer must contract at its own expense for the carriage of the goods from the named port of shipment, except when the contract of carriage is made by the seller as provided for in A3a). 매수인은 자신이 비용을 들여서 물품을 지정 선적항으로부터 운송하는 계약을 체결해야 한다. 다만 A3a)에 규정된 바와 같이 매도인이 운송계약을 체결할 경우는 예외다.

나 매수인의 요청이 있거나 상관행이 있는데 매수인이 적시에 그에 반대하는 지시를 하지 않은 경우, 매도인은 매수인의 위험과 비용으로 통상적인 조건의 운송계약을 체결할 수 있다. 각각의 경우, 매도인은 운송계약의 체결을 거절할 수 있으나, 실제로 거절할 때에는 매수인에게 신속하게 이를 통지해야 한다. **b) Contract of insurance** 보험계약 The seller has no obligation to the buyer to make a contract of insurance. However, the seller must provide the buyer, at the buyer's request, risk and expense (if any), with information that the buyer needs for obtaining insurance. 매도인은 매수인에 대해 보험계약을 체결하게 할 의무가 없다. 그러나 매도인은 매수인의 요청에 따라 매수인의 위험과 비용(있는 경우)으로 매수인이 보험계약을 체결하는 데 필요한 정보를 제공해야 한다.	**b) Contract of insurance** 보험계약 The buyer has no obligation to the seller to make a contract of insurance. 매수인은 매도인으로 하여금 보험계약을 체결하게 할 의무가 없다.
A4 Delivery 인도 *The seller must deliver the goods*	**B4 Taking delivery** 인수 The buyer must take delivery of

either by placing them alongside the ship nominated by the buyer at the loading point, if any, indicated by the buyer at the named port of shipment or by procuring the goods so delivered. In either case, the seller must deliver the goods on the agreed date or within the agreed period and in the manner customary at the port.

매도인은 물품을 지정 선적항에서, 특히 그 항구 내에 매수인이 표시하는 선적 지점이 있는 경우 그 지점에서 매수인이 지정하는 선박의 선측에 두거나 그렇게 조달함으로써 인도해야 한다. 각각의 경우, 매도인은 합의된 기일, 또는 합의된 기간 내에 그 항구에서 관행적인 방법으로 물품을 인도해야 한다.

If no specific point has been notified by the buyer, the seller may select the point within the named port of shipment that best suits its purpose. If the parties have agreed that delivery should take place within a period, the buyer has the option to choose the date within that period.

매수인이 특정한 선적 지점을 표시

the goods when they have been delivered as envisaged in A4.

물품이 A4에 규정된 바와 같이 인도되었다면 매수인은 그 물품을 인수해야 한다.

하지 않은 경우, 매도인은 지정 선적항 내에서 그의 목적에 가장 적합한 지점을 선택할 수 있다. 당사자 간에 일정한 기간 안에 인도하도록 합의된 경우, 매수인은 그 기간에서 어느 한 날짜를 선택할 수 있다.	
A5 Transfer of risks **위험 이전** The seller bears all risks of loss of or damage to the goods until they have been delivered in accordance with A4, with the exception of loss or damage in the circumstance described in B5. 매도인은 물품이 A4에 따라 인도되는 시점까지 물품의 멸실 또는 손상의 모든 위험을 부담하되, B5에 규정된 상황에서 발생하는 멸실 또는 손상은 예외로 한다.	**B5 Transfer of risks** **위험 이전** The buyer bears all risks of loss of or damage to the goods from the time they have been delivered as envisaged in A4. 매수인은 A4에 규정된 바와 같이 물품이 인도된 시점부터 물품의 멸실 또는 손상의 모든 위험을 부담한다. If 만약 a) the buyer fails to give notice in accordance with B7; or a) 매수인이 B7에 따른 통지를 하지 않는 경우, 또는 b) the vessel nominated by the buyer fails to arrive on time, or fails to take the goods or closes for cargo earlier than the time notified in accordance with B7; b) 매수인이 지정한 선박이 정시에

<table>
<tr><td></td><td>도착하지 않아서 물품을 수령하지 않았거나, B7에 따라 통지된 시기보다 일찍 선적을 마감하는 경우,

then the buyer bears all risks of loss of or damage to the goods from the agreed date or the expiry date of the agreed period for delivery, provided that the goods have been clearly identified as the contract goods. 매수인은 합의된 인도 기일이나 인도 기간의 만료일부터 물품의 멸실 또는 손상의 모든 위험을 부담하되, 다만 물품이 계약 물품과 명확히 일치해야 한다.</td></tr>
<tr><td>

A6 Allocation of costs
비용 분담

The seller must pay
매도인은 다음의 비용을 부담한다.

a) all costs relating to the goods until they have been delivered in accordance with A4, other than those payable by the buyer as envisaged in B6; and
a) 물품이 A4에 따라 인도되는 시점까지 물품과 관련한 모든 비용. 그러나 B6의 규정에 따라 매수인</td><td>

B6 Allocation of costs
비용 분담

The buyer must pay
매수인은 다음의 비용을 부담한다.

a) all costs relating to the goods from the time they have been delivered as envisaged in A4, except, where applicable, the costs of customs formalities necessary for export as well as all duties, taxes, and other charges payable upon export as referred to in A6b);</td></tr>
</table>

<table>
<tr><td>

이 부담하는 비용은 제외한다.

</td><td>

a) A4에 규정된 바와 같이 물품이 인도되는 시점부터 물품과 관련한 모든 비용. 그러나 해당되는 경우, A6b)에 언급된 바와 같이 수출에 필요한 통관 비용 및 수출 시 부과되는 모든 관세와 세금, 기타 공과금.

b) any additional costs incurred, either because:

(i) the buyer has failed to give appropriate notice in accordance with B7, or

(ii) the vessel nominated by the buyer fails to arrive on time, is unable to take the goods, or closes for cargo earlier than the time notified in accordance with B7,

b) 다음의 경우에 발생하는 추가 비용

(i) 매수인이 B7에 따른 적절한 통지를 하지 않는 경우

(ii) 매수인이 지정한 선박이 정시에 도착하지 않아 물품을 수령할 수 없거나, B7에 따라 통지된 시기보다 일찍 선적을 마감하는 경우,

provided that the goods have been clearly identified as the

</td></tr>
</table>

	contract goods; and 다만 이를 위해 물품은 계약 물품으로 명확히 특정되어 있어야 한다
b) Where applicable, the costs of customs formalities necessary for export as well as all duties, taxes, and other charges payable upon export. b) 해당되는 경우에, 수출에 필요한 통관 비용 및 수출 시 부과되는 모든 관세와 세금, 기타 공과금.	c) where applicable, all duties, taxes and other charges, as well as the costs of carrying out customs formalities payable upon import of the goods and the costs for their transport through any country. c) 해당되는 경우, 물품의 수입에 부과되는 모든 관세와 세금, 기타 공과금과 수입 통관 비용 및 제3국을 통과하는 데 드는 운송 비용.
A7 Notices to the buyer 매수인에 대한 통지 The seller must, at the buyer's risk and expense, give the buyer sufficient notice either that the goods have been delivered in accordance with A4 or that the vessel has failed to take the goods within the time agreed. 매도인은 매수인의 위험과 비용으로, 물품이 A4에 따라 인도된 사실이나 본선이 합의된 시기 내에 물품을 수령하지 않은 사실을 매수인에게 충분히 통지해야 한다.	**B7 Notices to the seller** 매도인에 대한 통지 The buyer must notify the seller sufficient notice of the vessel name, loading point and, where necessary, the selected delivery time within the agreed period. 매수인은 선박 이름, 선적 지점 및 해당되는 경우에 합의된 인도 기간 내에서 선택된 인도 시기를 매도인에게 충분히 통지해야 한다.

A8 Delivery document 인도 서류	B8 Proof of delivery 인도의 증명
The seller must provide the buyer, at the seller's expense, with the usual proof that the goods have been delivered in accordance with A4. 매도인은 자신의 비용으로 매수인에게 물품이 A4에 따라 인도되었다는 통상의 증빙을 제공해야 한다. Unless such proof is a transport document, the seller must provide assistance to buyer, at the buyer's request, risk and expense, in obtaining a transport document. 그러한 증빙이 운송 서류가 아닌 경우, 매도인은 매수인의 요청에 따라 매수인의 위험과 비용으로 매수인이 운송 서류를 획득하는 데 협조해야 한다.	The buyer must accept the proof of the delivery provided as envisaged in A8. 매수인은 A8의 규정에 따라 제공된 인도의 증빙을 수령해야 한다.
A9 Checking · packing · marking 검사 · 포장 · 화인	B9 Inspection of goods 물품 검사
The seller must pay the costs of those checking operations(such as checking quality, measuring, weighting, counting,) that are necessary for the purpose of	The buyer must pay the costs of any mandatory pre-shipment inspection, except when such inspection is mandated by the authorities of the country of

delivering the goods in accordance with A4, as well as the costs of any pre-shipment inspection mandated by the authority of the country of export.

매도인은 A4에 따라 물품을 인도하기 위한 목적에서 필요한 검사(예컨대 품질, 용적, 중량, 수량의 검사)에 드는 비용 및 수출국이 강제하는 선적전검사에 드는 비용을 부담해야 한다.

The seller must, at its own expense, package the goods, unless it is usual for the particular trade to transport the type of goods sold unpackaged. The seller may package the goods in the manner appropriate for their transport, unless the buyer has notified the seller of specific packaging requirements before the contract of sale is concluded. Packaging is to be marked appropriately.

매도인은 자신의 비용으로 물품을 포장해야 한다. 다만 특정한 거래에서 물품이 통상적인 형태로 포장되지 않은 채 매매되어 운송되는 경우는 그러지 않는다. 매도인은 당해 운송에 적절한 방법으로 물품

export.

매수인은 강제적인 선적전검사에 드는 비용을 부담해야 하되, 다만 그러한 검사를 수출국이 강제하는 경우는 예외로 한다.

을 포장할 수 있다. 다만 매수인이 매매계약 체결 전에 포장에 관한 특정한 요건을 통지한 경우는 그에 따라야 한다. 포장에는 적절히 화인이 표시되어야 한다.	

A10 Assistance 정보에 관한 협조 및 관련 비용	B10 Assistance with information and related costs 정보에 관한 협조 및 관련 비용
The seller must, where applicable, in a timely manner, provide to or render assistance in obtaining for the buyer, at the buyer's request, risk and expense, any documents and information, including security-related information, that the buyer needs for the import of the goods and/or for their transport to the final destination. 매도인은 해당되는 경우, 시기적절한 방법으로 매수인의 요청에 따라 매수인의 위험과 비용으로, 매수인이 물품의 수입, 또는 최종 목적지까지 운송에 필요한 여하한 서류와 보안 관련 정보를 포함한 여하한 정보를 제공하거나, 매수인이 그러한 서류와 정보를 획득하는 데 협조해야 한다. The seller must reimburse the	The buyer must, in a timely manner, in a timely manner, advise the seller of any security information requirement so that the seller may comply with A10. 매수인은 매도인이 A10의 규정을 준수할 수 있도록, 시기적절한 방법으로 매도인에게 보안 정보에 관한 필요 사항을 통지해야 한다. The buyer must reimburse the

buyer for all costs and charges incurred by the buyer in providing or rendering assistance in obtaining documents and information as envisaged in B10.
매도인은 매수인이 B10의 규정에 따라 서류와 정보를 제공하거나 그러한 서류와 정보를 획득할 수 있도록 협조함으로써 발생한 모든 비용과 부대 비용을 매수인에게 상환해야 한다.

seller for all costs and charges incurred by the seller in providing or rendering assistance in obtaining documents and information as envisaged in A10.
매수인은 A10의 규정에 매도인에게 서류와 정보를 제공하거나, 그러한 서류와 정보를 획득할 수 있도록 협조함으로써 발생한 모든 비용과 부대 비용을 상환해야 한다.

The buyer must, where applicable, in a timely manner, provide to or render assistance in obtaining for the seller, at the seller's request, risk and expense, any documents and information, including security-related information, that the seller needs for the transport and export of the goods and for their transport through any country.
매수인은 해당되는 경우에, 시기적절한 방법으로, 매도인의 요청에 따라 매도인의 위험과 비용으로, 매도인이 물품의 운송과 수출 및 제3국을 통과하는 운송에 필요한 여하한 서류와 보안 관련 정보를 포함한 여하한 정보를 제공하거나, 매도인이 그러한 서류와 정보를 획득하는 데 협조해야 한다.

9. FOB : FREE ON BOAR ^(insert named port of shipment) 본선 인도조건(지정 선적항 기입)

Mode of Transport(운송 방법)

Ship only

This rule is to be used only for sea or inland waterway transport.

이 규칙은 오직 해상 운송이나 내륙수로 운송의 경우에만 이용되어야 한다.

'Free On Board' means that the <u>seller delivers the goods on board the vessel nominated by the buyer at the named port of shipment</u> or procures the goods already so delivered. The risk of loss of or damage to the goods passes when the goods are on the board the vessel, and the buyer bears all costs from that moment forwards.

'본선 인도'는 <u>매도인이 지정 선적항에서 매수인이 지정한 본선에 물품을 적재하여 인도하거나</u> 이미 그렇게 인도된 물품을 조달하는 것을 의미한다. 물품의 멸실 또는 손상의 위험은 물품이 본선에 적재된 때에 이전하며, 매수인은 그 시점 이후의 모든 비용을 부담한다.

The seller is required either to deliver the goods on board the vessel or to procure goods already so delivered for shipment. The reference to 'procure' here caters for multiple sales down a chain('string sales'), particularly common in the commodity trades.

매도인은 물품을 본선에 적재하여 인도하거나 선적을 위해 인도된 물품을 조달해야 한다. 여기에 '조달(procure)'을 규정한 것은 특히 1차산품 거래(commodity trade)에서 보편적인 복수의 연속적 매매('연속 매매')에 대응하기 위함이다.

FOB may not be appropriate where goods are handed over to the carrier before they are on board the vessel, for example goods in containers, which are typically delivered at a terminal. In such situations, the FCA rule should be used.

FOB는 예컨대 전형적으로 터미널에서 인도되는 컨테이너 화물과 같이 물품이 본선에 적재되기 전에 운송인에게 인계되는 경우는 적절하지 않다. 이러한 경우는 FCA 규칙이 사용되어야 한다.

FOB requires the seller to clear the goods for export, where applicable. However, the seller has no obligation to clear the goods for import, pay any import duty or carry out any import customs formalities.

FOB에서 매도인은 해당되는 경우 물품의 수출 통관을 해야 한다. 그러나 매도인은 물품을 수입 통관하거나 수입 관세를 부담하거나 수입 통관 절차를 수행할 의무는 없다.

A	THE SELLERS'S OBLIGATION 매도인의 의무	B	THE BUYER'S OBLIGATION 매수인의 의무
A1	General Obligation of the seller 매도인의 일반 의무 The seller must provide the goods and the commercial invoice in conformity with the contract of sale and any other evidence of conformity that may be required by the contract. 매도인은 매매계약에 일치하는 물품 및 상업송장과 그 밖의 계약에서 요구되는 여타 일치되는 증빙을 제공해야 한다. Any document referred to in A1-A10 may be an equivalent electronic record or procedure if agreed between the parties or customary. 당사자 간에 합의되었거나 관행이 있는 경우, A1-A10에 규정된 서류는 동일한 전자적 기록이나 절차일 수 있다.	B1	General Obligation of the buyer 매수인의 일반 의무 The buyer must pay the price of the goods as provided in the contract of sale. 매수인은 매매계약에서 약정한 바에 따라 물품 대금을 지급해야 한다. Any document referred to in B1-B10 may be an equivalent electronic record or procedure if agreed between the parties or customary. 당사자 간에 합의되었거나 관행이 있는 경우, B1-B10에 규정된 서류는 동일한 전자적 기록이나 절차일 수 있다.
A2	Licences, authorizations, security clearances and other formalities 허가, 인가, 보안 통관 및 기타 절차 Where applicable, the seller must	B2	Licences, authorizations, security clearances and other formalities 허가, 인가, 보안 통관 및 기타 절차 Where applicable, it is up to the

obtain, at its own risk and expense, any export licence, or other official authorization and carry out all customs formalities necessary for the export of the goods.

해당되는 경우, 매도인은 자신의 위험과 비용으로 수출 허가나 기타 공적 인가를 획득해야 하고, 물품의 수출에 필요한 모든 통관 절차를 수행해야 한다.

---

buyer to obtain, at its own risk and expense, any import licence, or other official authorization and carry out all customs formalities for the import of the goods and for their transport through any country.

해당되는 경우, 매수인 자신의 위험과 비용으로 수입 허가나 기타 공적 인가를 획득하고, 물품의 수입과 제3국을 통과하는 운송에 필요한 모든 통관 절차를 수행하는 것은 매수인의 몫이다.

A3 Contracts of carriage and insurance
운송계약과 보험계약

a) Contract of carriage
운송계약

The seller has no obligation to the buyer to make a contract of carriage. However, if requested by the buyer or if it is commercial practice and the buyer does not give an instruction to the contrary in due time, the seller may contract for carriage on usual terms at the buyer's risk and expense. In either case, the seller

---

B3 Contracts of carriage and insurance
운송계약과 보험계약

a) Contract of carriage
운송계약

The buyer must contract at its own expense for the carriage of the goods from the named port of shipment, except when the contract of carriage is made by the seller as provided for in A3a).

매수인은 자신이 비용을 들여서 물품을 지정 선적항에서 운송하는 계약을 체결해야 한다. 다만 A3a)의 규정에 따라 매도인이 운송계약을

may decline to make the contract of carriage and, if it does, shall promptly notify the buyer.
매도인은 매수인에 대해 운송계약을 체결할 의무가 없다. 그러나 매수인의 요청이 있거나 상관행이 있는데 매수인이 적시에 그에 반대하는 지시를 하지 않은 경우, 매도인은 매수인의 위험과 비용으로 통상적인 조건에 따라 운송계약을 체결할 수 있다. 각각의 경우에 매도인은 운송계약의 체결을 거절할 수 있고, 실제로 거절할 때에는 매수인에게 신속하게 이를 통지해야 한다.

체결하는 경우는 예외이다.

b) Contract of insurance
   보험계약

The seller has no obligation to the buyer to make a contract of insurance. However, the seller must provide the buyer, at the buyer's request, risk and expense (if any), with information that the buyer needs for obtaining insurance.
매도인은 매수인에 대해 보험계약을 체결하게 할 의무가 없다. 그러나 매도인은 매수인의 요청에 따라 매수인의 위험과 비용(있는 경우)

b) Contract of insurance
   보험계약

The buyer has no obligation to the seller to make a contract of insurance.
매수인은 매도인에 대해 보험계약을 체결하게 할 의무가 없다.

으로 매수인이 보험계약을 체결하는 데 필요한 정보를 매수인에게 제공해야 한다.	
A4 Delivery 인도 *The seller must <u>deliver the goods either by placing them on board the vessel nominated by the buyer at the loading point, if any, indicated by the buyer</u> at the named port of shipment or by procuring the goods so delivered.* In either case, the seller must deliver the goods on the agreed date or within the agreed period and in the manner customary at the port. *매도인은 물품을 지정 선적항에서, 특히 그 항구 내에 매수인이 표시하는 선적 지점이 있을 경우 그 지점에서, <u>매수인이 지정하는 본선에 적재함으로써</u> 또는 그렇게 물품을 조달함으로써 <u>인도해야 한다</u>.* 각각의 경우에, 매도인은 합의된 기일 또는 기간 내에 그 항구에서 관습적인 방법으로 물품을 인도해야 한다. If no specific point has been notified by the buyer, the seller may select the point within the	**B4 Taking delivery** 인수 The buyer must take delivery of the goods when they have been delivered as envisaged in A4. 물품이 A4에 규정된 바와 같이 인도된 경우 매수인은 그 물품을 인수해야 한다.

named port of shipment that best suits its purpose. 매수인이 특정한 선적 지점을 표시하지 않은 경우, 매도인은 지정 선적항 내에서 그 목적에 가장 적합한 지점을 선택할 수 있다. 당사자 간에 일정한 기간 내에 인도하도록 합의된 경우, 매수인은 그 기간에서 어느 한 날짜를 선택할 수 있다.	
A5 Transfer of risks 위험 이전 The seller bears all risks of loss of or damage to the goods until they have been delivered in accordance with A4, with the exception of loss or damage in the circumstance described in B5. 매도인은 물품이 A4에 따라 인도되는 시점까지 물품의 멸실 또는 손상의 모든 위험을 부담하되, B5에 규정된 상황에서 발생하는 멸실 또는 손상은 예외로 한다.	**B5 Transfer of risks** 위험 이전 The buyer bears all risks of loss of or damage to the goods from the time they have been delivered as envisaged in A4. 매수인은 A4의 규정에 따라 물품이 인도된 시점부터 물품의 멸실 또는 손상의 모든 위험을 부담한다. If 만약 a) the buyer fails to notify the nomination of a vessel in accordance with B7; or a) 매수인이 B7에 따라 선박을 지정하는 통지를 하지 않는 경우, 또는 b) the vessel nominated by the

buyer fails to arrive on time to enable the seller to comply with A4, is unable to take the goods, or closes for cargo earlier than the time notified in accordance with B7;

b) 매수인이 지정한 선박이 매도인이 A4를 준수할 수 있도록 정시에 도착하지 않아서 물품을 수령할 수 없거나, B7에 따라 통지된 시기보다 일찍 선적을 마감하는 경우,

then the buyer bears all risks of loss of or damage to the goods:

(i) from the agreed date, or in the absence of an agreed date,

(ii) from the date notified by the seller under A7 within the agreed period, or, if no such date has been notified,

(iii) from the expiry date of the agreed period for delivery,

매수인은 다음의 시기부터 물품의 멸실 또는 손상의 모든 위험을 부담한다.

(i) 합의된 인도 기일부터, 또는 합의된 인도 기일이 없는 경우에는

(ii) 합의된 인도 기간 내에서 A7에 따라 매도인이 통지한 기일부터, 또는 그러한 기일의 통지가

<table>
<tr><td></td><td>없는 경우는
(iii) 합의된 인도 기간의 만료일부터.

provided that the goods have been clearly identified as the contract goods.
다만 이럴 경우 물품이 계약 물품과 명확히 일치해야 한다.</td></tr>
<tr><td>

A6　Allocation of costs

비용 분담

The seller must pay

매도인은 다음 비용을 부담한다.

a) all costs relating to the goods until they have been delivered in accordance with A4, other than those payable by the buyer as envisaged in B6; and

a) 물품이 A4에 따라 인도되는 시점까지 물품과 관련한 모든 비용. 그러나 B6의 규정에 따라 매수인이 부담하는 비용은 제외한다.

</td><td>

B6　Allocation of costs

비용 분담

The buyer must pay

매수인은 다음 비용을 부담한다.

a) all costs relating to the goods from the time they have been delivered as envisaged in A4, except, where applicable, the costs of customs formalities necessary for export, as well as all duties, taxes, and other charges payable upon export as referred to in A6 b);

a) A4에 규정된 바와 같이 물품이 인도되는 시점부터 물품과 관련한 모든 비용. 그러나 해당되는 경우에, A6b)에 언급된 바와 같이 수출에 필요한 통관 비용 및 수출 시 부과되는 모든 관세와 세금, 기타 공과금.

</td></tr>
</table>

	b) any additional costs incurred, either because:
	(i) the buyer has failed to give appropriate notice in accordance with B7, or
	(ii) the vessel nominated by the buyer fails to arrive on time, is unable to take the goods, or closes for cargo earlier than the time notified in accordance with B7,
	b) 다음의 경우에 발생하는 추가 비용
	(i) 매수인이 B7에 따른 적절한 통지를 하지 않는 경우
	(ii) 매수인이 지정한 선박이 정시에 도착하지 않아서 물품을 수령할 수 없거나, B7에 따라 통지된 시기보다 일찍 선적을 마감하는 경우,
	provided that the goods have been clearly identified as the contract goods; and
	다만 이를 위해서는 물품이 계약물품으로 명확히 특정되어 있어야 한다.
b) Where applicable, the costs of customs formalities necessary for	c) where applicable, all duties, taxes and other charges, as well

export, as well as all duties, taxes, and other charges payable upon export. b) 해당되는 경우에, 수출에 필요한 통관 비용 및 수출 시 부과되는 모든 관세와 세금, 기타 공과금.	as the costs of carrying out customs formalities payable upon import of the goods and the costs for their transport through any country. c) 해당되는 경우에, 물품의 수입에 부과되는 모든 관세와 세금, 기타 공과금과 수입 통관 비용 및 제3국을 통과하는 데 드는 운송 비용.
A7 Notices to the buyer **매수인에 대한 통지** The seller must, at the buyer's risk and expense, give the buyer sufficient notice either that the goods have been delivered in accordance with A4 or that the vessel has failed to take the goods within the time agreed. 매도인은, 매수인의 위험과 비용으로, 물품이 A4에 따라 인도된 사실이나 본선이 합의된 시기 내에 물품을 수령하지 않은 사실을 매수인에게 충분히 통지해야 한다.	**B7 Notices to the seller** **매도인에 대한 통지** The buyer must notify the seller sufficient notice of the vessel name, loading point and, where necessary, the selected delivery time within the agreed period. 매수인은 선박 이름, 선적 지점 및 해당되는 경우에 합의된 인도 기간 내에서 선택된 인도 시기를 매도인에게 충분히 통지해야 한다.
A8 Delivery document **인도 서류** The seller must provide the buyer, at the seller's expense, with the usual proof that the	**B8 Proof of delivery** **인도의 증명** The buyer must accept the proof of the delivery provided as envisaged in A8.

goods have been delivered in accordance with A4.
매도인은 자신의 비용으로 매수인에게 물품이 A4에 따라 인도되었다는 통상의 증빙을 제공해야 한다.

Unless such proof is a transport document, the seller must provide assistance to buyer, at the buyer's request, risk and expense, in obtaining a transport document.
그러한 증빙이 운송 서류가 아닌 경우, 매도인은 매수인의 요청에 따라 매수인의 위험과 비용으로 매수인이 운송 서류를 획득하는 데 협조해야 한다.

매수인은 A8의 규정에 따라 제공된 인도의 증빙을 수령해야 한다.

| A9 Checking · packing · marking 검사 · 포장 · 화인 | B9 Inspection of goods 물품 검사 |

A9 Checking · packing · marking
검사 · 포장 · 화인

The seller must pay the costs of those checking operations(such as checking quality, measuring, weighting, counting,) that are necessary for the purpose of delivering the goods in accordance with A4, as well as the costs of any pre-shipment inspection mandated by the authority of the country of export.
매도인은 A4에 따라 물품을 인도

B9 Inspection of goods
물품 검사

The buyer must pay the costs of any mandatory pre?shipment inspection, except when such inspection is mandated by the authorities of the country of export.
매수인은 강제적인 선적전검사에 드는 비용을 부담해야 하되, 다만 그러한 검사를 수출국이 강제하는 경우는 예외로 한다.

하기 위한 목적에서 필요한 검사 (예컨대 품질, 용적, 중량, 수량의 검사)에 드는 비용 및 수출국이 강제하는 선적전검사에 드는 비용을 부담해야 한다.

The seller must, at its own expense, package the goods, unless it is usual for the particular trade to transport the type of goods sold unpackaged. The seller may package the goods in the manner appropriate for their transport, unless the buyer has notified the seller of specific packaging requirements before the contract of sale is concluded. Packaging is to be marked appropriately.

매도인은 자신의 비용으로 물품을 포장해야 한다. 다만 특정한 거래에서 물품이 통상적인 형태로 포장되지 않은 채 매매되어 운송되는 경우는 그러지 않는다. 매도인은 당해 운송에 적절한 방법으로 물품을 포장할 수 있다. 다만 매수인이 매매계약 체결 전에 포장에 관한 특정한 요건을 통지한 경우는 그에 따라야 한다. 포장에는 적절한 화인이 표시되어야 한다.

A10 Assistance	B10 Assistance with information and related costs

<table>
<tr><td>

A10 Assistance

정보에 관한 협조 및 관련 비용

</td><td>

B10 Assistance with information and related costs

정보에 관한 협조 및 관련 비용

</td></tr>
<tr><td>

The seller must, where applicable, in a timely manner, provide to or render assistance in obtaining for the buyer, at the buyer's request, risk and expense, any documents and information, including security-related information, that the buyer needs for the import of the goods and/or for their transport to the final destination.

매도인은 해당되는 경우에, 시기적절한 방법으로 매수인의 요청에 따라 매수인의 위험과 비용으로, 매수인이 물품의 수입, 또는 최종 목적지까지 운송에 필요한 여하한 서류와 보안 관련 정보를 포함한 여하한 정보를 제공하거나, 매수인이 그러한 서류와 정보를 획득하는 데 협조해야 한다.

</td><td>

The buyer must, in a timely manner, in a timely manner, advise the seller of any security information requirement so that the seller may comply with A10.

매수인은 매도인이 A10의 규정을 준수할 수 있도록, 시기적절한 방법으로 매도인에게 보안 정보에 관한 필요 사항을 통지해야 한다.

</td></tr>
<tr><td>

The seller must reimburse the buyer for all costs and charges incurred by the buyer in providing or rendering assistance in obtaining documents and information as envisaged in B10.

</td><td>

The buyer must reimburse the seller for all costs and charges incurred by the seller in providing or rendering assistance in obtaining documents and information as envisaged in A10.

</td></tr>
</table>

매도인은 매수인이 B10의 규정에 따라 서류와 정보를 제공하거나 그러한 서류와 정보를 획득할 수 있도록 협조함으로써 발생한 모든 비용과 부대 비용을 매수인에게 상환해야 한다.	매수인은 A10의 규정에 따라 매도인에게 서류와 정보를 제공하거나 그러한 서류와 정보를 획득할 수 있도록 협조함으로써 발생한 모든 비용과 부대 비용을 상환해야 한다. The buyer must, where applicable, in a timely manner, provide to or render assistance in obtaining for the seller, at the seller's request, risk and expense, any documents and information, including security-related information, that the seller needs for the transport and export of the goods and for their transport through any country. 매수인은 해당되는 경우에, 시기적절한 방법으로 매도인의 요청에 따라 매도인의 위험과 비용으로, 매도인이 물품의 운송과 수출 및 제3국을 통과하는 운송에 필요한 여하한 서류와 보안 관련 정보를 포함한 여하한 정보를 제공하거나, 매도인이 그러한 서류와 정보를 획득하는 데 협조해야 한다.

10. CFR : COST AND FREIGHT
(insert named port of destination)

운임 포함 인도조건(지정 목적 항 기입)

DELIVERY

Mode of Transport(운송 방법)

Ship only

GUIDANCE NOTE
사용 안내 지침

This rule is to be used only for sea or inland waterway transport.

이 규칙은 오직 해상 운송이나 내륙수로 운송의 경우에만 이용되어야 한다.

'Cost and Freight' means that the seller delivers the goods on board the vessel or procures the goods already so delivered. The risk of loss of or damage to the goods passes when the goods are on the board the vessel. The seller must contract for and pay the costs and freight necessary to bring the goods to the named port of destination.

'운임 포함 인도'는 매도인이 물품을 본선에 적재하여 인도하거나 이미 그렇게 인도된 물품을 조달하는 것을 의미한다. 물품의 멸실 또는 손상의 위험은 물품이 본선에 적재된 시점에 이전한다. 매도인은 물품을 지정 목적 항까지 운송하는 데 필요한 계약을 체결하고 그에 따른 비용과 운임을 부담해야 한다.

When CPT, CIP, CFR or CIF are used, the seller fulfils its obligation to deliver when it hands the goods over to the carrier in the manner specified in the chosen rule and not when the goods reach the place of destination.

CPT, CIP, CFR 또는 CIF가 사용되는 경우, 매도인은 물품이 목적지에 도착한 시점이 아니라 선택된 당해 규칙에 명시된 방법으로 운송인에게 물품을 인계하는 시점에 인도 의무를 이행한 것으로 된다.

This rule has two critical points, because risk passes and costs are transferred at different places. While the contract will always specify a destination port, it might not specify the port of shipment, which is where risk passes to buyer. If the shipment port is of particular interest to the buyer, the parties are well advised to identify it as precisely as possible in the contract.

이 규칙은 두 가지 중요한 분기점을 갖는다. 왜냐하면 위험과 비용은 상이한 장소에서 이전되기 때문이다. 계약에서는 항상 목적항을 명시하면서도 선적항은 명시하지 않지만, 위험은 선적항에서 매수인에게 이전된다. 선적항에 대해 매수인이 특별한 이해관계를 갖는 경우, 당사자들은 계약에서 이를 가급적 정확하게 특정하는 것이 바람직하다.

The parties are well advised to identify as precisely as possible the point at the agreed port of destination, as costs to that point are for the account of the seller. The seller is advised to procure contract of carriage that match this choice precisely. If the seller incurs costs under its contract of carriage related to unloading at the specified point at the port of destination, the seller is not entitled to recover such costs from the buyer unless otherwise agreed between the parties.

당사자들은 합의된 목적 항 내의 지점을 가급적 정확하게 특정하는 것이 바람직하다. 그러한 지점까지의 비용은 매도인이 부담하기 때문에 매도인은 이러한 선택을 정확하게 일치시켜 운송계약을 체결하는 것이 바람직하다. 매도인이 운송계약에 따라 목적 항 내의 명시된 지점에서 양륙 비용을 지출한 경우, 당사자 간에 달리 합의되지 않았다면 매도인은 이를 매수인에게 구상할 수 없다.

CFR may not be appropriate where goods are handed over to the carrier before they are on board the vessel, for example goods in containers, which are typically delivered at a terminal. In such circumstances, the CPT rule should be used.

CFR은 예컨대 전형적으로 터미널에서 인도되는 컨테이너 화물과 같이 물품이 본선에 적재되기 전 운송인에게 인계되는 경우는 적절하지 않다. 이러한 경우에는 CPT 규칙이 사용되어야 한다.

CFR requires the seller to clear the goods for export, where applicable. However, the seller has no obligation to clear the goods for import, pay any import duty or carry out any import customs formalities.

CFR에서 매도인은 해당되는 경우 물품의 수출 통관을 해야 한다. 그러나 매도인은 물품을 수입 통관하거나 수입 관세의 부담이나 수입 통관 절차를 수행할 의무가 없다.

A THE SELLERS'S OBLIGATION 매도인의 의무	B THE BUYER'S OBLIGATION 매수인의 의무
A1 General Obligation of the seller 매도인의 일반 의무 The seller must provide the goods and the commercial invoice in conformity with the contract of sale and any other evidence of conformity that may be required by the contract. 매도인은 매매계약에 일치하는 물품 및 상업송장과 그 밖의 계약에서 요구되는 여타 일치되는 증빙을 제공해야 한다. Any document referred to in A1-A10 may be an equivalent electronic record or procedure if agreed between the parties or customary. 당사자 간에 합의되었거나 관행이 있는 경우, A1-A10에 규정된 서류는 동일한 전자적 기록이나 절차일 수 있다.	**B1** General Obligation of the buyer 매수인의 일반 의무 The buyer must pay the price of the goods as provided in the contract of sale. 매수인은 매매계약에서 약정한 바에 따라 물품 대금을 지급해야 한다. Any document referred to in B1-B10 may be an equivalent electronic record or procedure if agreed between the parties or customary. 당사자 간에 합의되었거나 관행이 있는 경우, B1-B10에 규정된 서류는 동일한 전자적 기록이나 절차일 수 있다.
A2 Licences, authorizations, security clearances and other formalities 허가, 인가, 보안 통관 및 기타 절차 Where applicable, the seller must	**B2** Licences, authorizations, security clearances and other formalities 허가, 인가, 보안 통관 및 기타 절차 Where applicable, it is up to the

obtain, at its own risk and expense, any export licence, or other official authorization and carry out all customs formalities necessary for the export of the goods. 해당되는 경우에, 매도인은 자신의 위험과 비용으로 수출 허가나 기타 공적 인가를 획득해야 하고, 물품의 수출에 필요한 모든 통관 절차를 수행해야 한다.	buyer to obtain, at its own risk and expense, any import licence, or other official authorization and carry out all customs formalities for the import of the goods and for their transport through any country. 해당되는 경우에, 매수인 자신의 위험과 비용으로 수입 허가나 기타 공적 인가를 획득하고 물품의 수입과 제3국을 통과하는 운송에 필요한 모든 통관 절차를 수행하는 것은 매수인의 몫이다.
A3 Contracts of carriage and insurance 운송계약과 보험계약 a) Contract of carriage 　운송계약 *The seller must contract or procure a contract for the carriage of the goods from the agreed point of delivery, if any, at the place of delivery to the named port of destination or, if agreed, any point at that port. The* contract of carriage must be made on usual terms at the seller's expense and provide for carriage by the usual route in a	**B3 Contracts of carriage and insurance** 운송계약과 보험계약 a) Contract of carriage 　운송계약 The buyer has no obligation to seller to make a contract of carriage. 매수인은 매도인에 대해 운송계약을 체결하게 할 의무가 없다.

vessel of the type normally used for the transport of the type of goods sold.

매도인은 인도 장소나 그 인도 장소에 합의된 인도 지점이 있다면 그 지점으로부터 지정 목적 항까지, 또는 그 목적 항에 합의된 지점이 있는 경우 그 지점까지 물품을 운송하는 계약을 체결하거나 그러한 계약을 조달해야 한다. 운송계약은 매도인의 비용으로 통상적인 조건에서 체결되어야 하며, 매매 물품의 품목을 운송하는 데 통상적으로 사용되는 종류의 선박으로 통상적인 항로로 운송하는 내용이어야 한다.

b) Contract of insurance
   보험계약

The seller has no obligation to the buyer to make a contract of insurance. However, the seller must provide the buyer, at the buyer's request, risk and expense(if any), with information that the buyer needs for obtaining insurance.

매도인은 매수인에 대해 보험계약을 체결하게 할 의무가 없다. 그러나 매도인은 매수인의 요청에 따라

b) Contract of insurance
   보험계약

The buyer has no obligation to the seller to make a contract of insurance. However, the buyer must provide the seller, upon request, with the necessary information for obtaining insurance.

매수인은 매도인에 대해 보험계약을 체결하게 할 의무가 없다. 그러나 매수인은 매도인의 요청이 있는 경우 보험계약의 체결에 필요한 정

매수인의 위험과 비용(있는 경우)으로 매수인이 보험계약을 체결하는 데 필요한 정보를 매수인에게 제공해야 한다.	보를 제공해야 한다.
A4 Delivery 인도 The seller must deliver the goods either by placing them on board the vessel or by procuring the goods so delivered. In either case, the seller must deliver the goods on the agreed date or within the agreed period and in the manner customary at the port. 매도인은 물품을 본선에 적재함으로써 또는 그렇게 인도된 물품을 조달해야 한다. 각각의 경우에, 매도인은 합의된 기일이나 기간 내에 당해 항구에서 관습적인 방법으로 물품을 인도해야 한다.	**B4 Taking delivery** 인수 The buyer must take delivery of the goods when they have been delivered as envisaged in A4 and receive them from the carrier at the named port of destination. 물품이 A4에 규정된 바와 같이 인도된 경우 매수인은 그 물품을 인수해야 하고, 지정 목적 항에서 운송인으로부터 그 물품을 수령해야 한다.
A5 Transfer of risks 위험 이전 The seller bears all risks of loss of or damage to the goods until they have been delivered in accordance with A4, with the exception of loss or damage in the circumstance described in B5.	**B5 Transfer of risks** 위험 이전 The buyer bears all risks of loss of or damage to the goods from the time they have been delivered as envisaged in A4. 매수인은 A4에 규정된 바와 같이 물품이 인도된 시점부터 물품의 멸

매도인은 물품이 A4에 따라 인도되는 시점까지 물품의 멸실 또는 손상의 모든 위험을 부담하되, B5에 규정된 상황에서 발생하는 멸실 또는 손상은 예외로 한다.

실 또는 손상의 모든 위험을 부담한다.

If the buyer fails to give notice in accordance with B7, then it bears all risks of loss of or damage to the goods from the agreed date or the expiry date of the agreed period for shipment, provided that the goods have been clearly identified as the contract goods. 매수인이 B7에 따른 통지를 하지 않는 경우, 물품이 계약 물품과 일치하는 조건으로 매수인은 합의된 선적 기일이나 합의된 선적기간의 만료일부터 물품의 멸실 또는 손상의 모든 위험을 부담한다.

A6 Allocation of costs
비용 분담

The seller must pay
매도인은 다음 비용을 부담한다.

a) all costs relating to the goods until they have been delivered in accordance with A4, other than those payable by the buyer as envisaged in B6; and

B6 Allocation of costs
비용 분담

The buyer must, subject to the provisions of A3a), pay
매수인은, A3a)의 규정에 따라, 다음 비용을 부담한다.

a) all costs relating to the goods from the time they have been delivered as envisaged in A4, except, where applicable, the costs of customs formalities

a) 물품이 A4에 따라 인도되는 시점까지 물품과 관련한 모든 비용. 그러나 B6의 규정에 따라 매수인이 부담하는 비용은 제외한다.

b) the freight and all other costs resulting from A3a), including the costs of loading the goods on board and any charges for unloading at the agreed port of discharge that were for the seller's account under the contract of carriage; and

b) 물품의 본선 적재 비용 및 합의된 양륙항의 양륙 비용 중에서 운송계약상 매도인이 부담하기로 한 비용을 포함하여, A3a)의 규정에 따른 운임 및 기타 모든 비용.

necessary for export as well as all duties, taxes, and other charges payable upon export as referred to in A6c);

a) A4에 규정된 바와 같이 물품이 인도되는 시점부터 물품과 관련한 모든 비용. 그러나 해당되는 경우, A6b)에 언급된 바와 같이 수출에 필요한 통관 비용 및 수출 시 부과되는 모든 관세와 세금, 기타 공과금은 제외된다.

b) all costs and charges relating to the goods while in transit until their arrival at the port of destination, unless such costs and charges were for the seller's account under the contract of carriage;

b) 물품이 목적 항에 도착하는 시점까지 운송 중에 물품과 관련한 모든 비용과 부대 비용. 그러나 그러한 비용을 운송계약상 매도인이 부담하기로 한 때에는 그에 따른다.

c) unloading costs including lighterage and wharfage charges, unless such costs and charges were for the seller's account under the contract of carriage;

c) 부선료와 부두 사용료를 포함한 양륙 비용. 그러나 그러한 비용을 운송계약상 매도인이 부담하기로 한 때에는 그에 따른다.

d) any additional costs incurred, if it fails to give notice in accordance with B7, from the agreed date or the expiry date of the agreed period for shipment, provided that the goods have been clearly identified as the contract goods; and

d) 매수인이 B7에 따른 통지를 하지 않는 경우, 합의된 선적 일자나 선적 기간의 만료일부터 발생하는 추가 비용. 다만 이를 위해 물품은 계약 물품으로 명확히 특정되어 있어야 한다.

c) Where applicable, the costs of customs formalities necessary for export as well as all duties, taxes, and other charges payable upon export, and the costs for their transport through any country that were for the seller' s account under the contract of carriage.

c) 해당되는 경우에, 수출에 필요한 통관 비용과 수출 시 부과되는

e) where applicable, all duties, taxes and other charges, as well as the costs of carrying out customs formalities payable upon import of the goods and the costs for their transport through any country unless included within the cost of the contract of carriage.

e) 해당되는 경우, 물품의 수입에

모든 관세와 세금, 기타 공과금 및 제3국을 통과하는 데 드는 운송 비용 중 운송계약상 매도인이 부담하기로 한 비용.	부과되는 모든 관세와 세금, 기타 공과금과 수입 통관 비용 및 제3국을 통과하는 데 드는 운송 비용 중에서 운송계약 비용에 포함되지 않은 비용.
A7 Notices to the buyer **매수인에 대한 통지** The seller must give the buyer any notice needed in order to allow the buyer to take measures that are normally necessary to enable the buyer to take the goods. 매도인은 매수인이 물품을 수령할 수 있도록 통상적으로 필요한 조치를 취할 수 있게 필요한 통지를 해야 한다.	**B7 Notices to the seller** **매도인에 대한 통지** The buyer must, whenever it is entitled to determine the time for shipping the goods and/or the point of receiving the goods within the named port of destination, give the seller sufficient notice thereof. 매수인은 선적 시기, 또는 지정 목적 항 내에서 물품을 수령할 지점을 결정할 권리를 가진 경우 매도인에게 그에 관해 충분히 통지해야 한다.
A8 Delivery document **인도 서류** The seller must, at its own expense, provide the buyer without delay with the usual transport document for the agreed port of destination. 매도인은 자신의 비용으로 매수인에게 합의된 목적 항까지의 운송에 관한 통상적인 운송 서류를 지체	**B8 Proof of delivery** **인도의 증명** The buyer must accept the transport document provided as envisaged in A8 if it is in conformity with the contract. 매수인은 A8의 규정에 따라 제공된 운송 서류가 계약과 일치하는 경우 이를 수령해야 한다.

없이 제공해야 한다.

The transport document must cover the contract goods, be dated within the period agreed for shipment, enable the buyer to claim the goods from the carrier at the port of destination and, unless otherwise agreed, enable the buyer to sell the goods in transit by the transfer of the document to a subsequent buyer or by notification to the carrier.

이 운송 서류는 계약 물품과 관련한 것으로 합의된 선적 기간 이내로 일부(日附)되어야 하고, 매수인이 목적 항에서 운송인에 대해 물품의 인도를 청구할 수 있도록 해야 하며, 달리 합의되지 않은 한 매수인이 후속 매수인에게 운송 서류를 양도함으로써, 또는 운송인에 대한 통지로써 운송 중에 물품을 매각할 수 있도록 하는 것이어야 한다.

When such a transport documents issued in negotiable from and in several originals, a full set of originals must be presented to buyer.

그러한 운송 서류가 유통 가능한

형식으로 복수의 원본이 발행된 경우는, 그 원본의 전통(全通)이 매수인에게 제공되어야 한다.	
A9 Checking · packing · marking **검사 · 포장 · 화인** The seller must pay the costs of those checking operations (such as checking quality, measuring, weighting, counting,) that are necessary for the purpose of delivering the goods in accordance with A4, as well as the costs of any pre?shipment inspection mandated by the authority of the country of export. 매도인은 A4에 따라 물품을 인도하기 위한 목적에서 필요한 검사(예컨대 품질, 용적, 중량, 수량의 검사)에 드는 비용 및 수출국이 강제하는 선적전검사에 드는 비용을 부담해야 한다. The seller must, at its own expense, package the goods, unless it is usual for the particular trade to transport the type of goods sold unpackaged. The seller may package the	**B9 Inspection of goods** **물품 검사** The buyer must pay the costs of any mandatory pre?shipment inspection, except when such inspection is mandated by the authorities of the country of export. 매수인은 강제적인 선적전검사에 드는 비용을 부담해야 하나, 다만 그러한 검사를 수출국이 강제하는 경우는 예외이다.

goods in the manner appropriate for their transport, unless the buyer has notified the seller of specific packaging requirements before the contract of sale is concluded. Packaging is to be marked appropriately. 매도인은 자신의 비용으로 물품을 포장해야 한다. 다만 특정한 거래에서 물품이 통상적으로 포장되지 않은 형태로 매매되어 운송되는 경우는 그러 않는다. 매도인은 당해 운송에 적절한 방법으로 물품을 포장할 수 있다. 다만 매수인이 매매계약 체결 전에 포장에 관한 특정한 요건을 통지한 경우는 그에 따라야 한다. 포장에는 적절히 화인이 표시되어야 한다.	
A10 Assistance **정보에 관한 협조 및 관련 비용** The seller must, where applicable, in a timely manner, provide to or render assistance in obtaining for the buyer, at the buyer's request, risk and expense, any documents and information, including security-related information, that the buyer needs for the import of	**B10 Assistance with information and related costs** **정보에 관한 협조 및 관련 비용** The buyer must, in a timely manner, in a timely manner, advise the seller of any security information requirement so that the seller may comply with A10. 매수인은 매도인이 A10의 규정을 준수할 수 있도록, 시기적절한 방법으로 매도인에게 보안 정

the goods and/or for their transport to the final destination. 매도인은 해당되는 경우에, 시기적절한 방법으로 매수인의 요청에 따라 매수인의 위험과 비용으로, 매수인이 물품의 수입, 또는 최종 목적지까지 운송에 필요한 여하한 서류와 보안 관련 정보를 포함한 여하한 정보를 제공하거나, 매수인이 그러한 서류와 정보를 획득하는 데 협조해야 한다.

The seller must reimburse the buyer for all costs and charges incurred by the buyer in providing or rendering assistance in obtaining documents and information as envisaged in B10. 매도인은 매수인이 B10의 규정에 따라 서류와 정보를 제공하거나 그러한 서류와 정보를 획득할 수 있도록 협조함으로써 발생한 모든 비용과 부대 비용을 매수인에게 상환해야 한다.

보에 관한 필요 사항을 통지해야 한다.

The buyer must reimburse the seller for all costs and charges incurred by the seller in providing or rendering assistance in obtaining documents and information as envisaged in A10. 매수인은 A10의 규정에 따라 매도인에게 서류와 정보를 제공하거나 그러한 서류와 정보를 획득할 수 있도록 협조함으로써 발생한 모든 비용과 부대 비용을 상환해야 한다.

The buyer must, where applicable, in a timely manner, provide to or render assistance in obtaining for the seller, at the seller's request, risk and expense, any documents and information, including security-related information, that the seller needs for the transport and export of the goods and for their transport through any country.

매수인은 해당되는 경우에, 시기적절한 방법으로 매도인의 요청에 따라 매도인의 위험과 비용으로, 매도인이 물품의 운송과 수출 및 제3국을 통과하는 운송에 필요한 여하한 서류와 보안 관련 정보를 포함한 여하한 정보를 제공하거나, 매도인이 그러한 서류와 정보를 획득하는 데 협조해야 한다.

11. CIF : COST, INSURANCE AND FREIGH ^(insert named port of destination)

운임 · 보험료 포함 인도조건(지정 목적 항 기입)

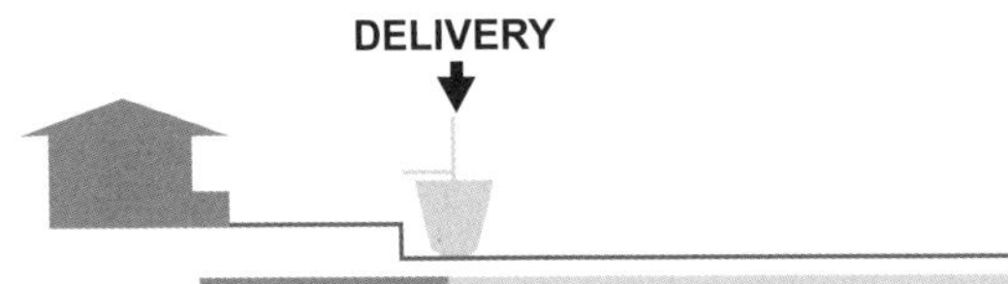

Mode of Transport(운송 방법)

Ship only

GUIDANCE NOTE
사용 안내 지침

This rule is to be used only for sea or inland waterway transport.

이 규칙은 오직 해상 운송이나 내륙수로 운송의 경우에만 사용되어야 한다.

'Cost, Insurance and Freight' means that the seller delivers the goods on board the vessel or procures the goods already so delivered. The risk of loss of or damage to the goods passes when the goods are on the board the vessel. The seller must contract for and pay the costs and freight necessary to bring the goods to the named port of destination.

'운임 · 보험료 포함 인도'는 매도인이 물품을 본선에 적재하여 인도하거나 이미 그렇게 인도된 물품을 조달하는 것을 의미한다. 물품의 멸실 또는 손상의 위험은 물품이 본선에 적재된 때에 이전한다. 매도인은 물품을 지정 목적 항까지 운송하는 데 필요한 계약을 체결하고 그에 따른 비용과 운임을 부담해야 한다.

The seller also contracts for insurance cover against the

buyer' s risk of loss of or damage to the goods during the carriage. The buyer should note that under CIF the seller is required to obtain insurance only on minimum cover. Should the buyer wish to have more insurance protection, it will need either to agree as much expressly with the seller or to make its own extra insurance arrangements.

매도인은 운송 중 매수인의 물품의 멸실 또는 손상의 위험에 대비하여 보험계약을 체결한다. 매수인이 유의할 것으로, CIF에서 매도인은 단지 최소 조건으로 보험계약을 체결하도록 요구한다. 보다 넓은 보험 혜택을 원한다면 매수인은 매도인과 명시적으로 그렇게 합의하든지 아니면 자신이 추가 보험을 들어야 한다.

When CPT, CIP, CFR or CIF are used, the seller fulfils its obligation to deliver when it hands the goods over to the carrier in the manner specified in the chosen rule and not when the goods reach the place of destination.

CPT, CIP, CFR 또는 CIF가 사용되는 경우, 매도인은 물품이 목적지에 도착한 시점이 아니라 선택된 당해 규칙에 명시된 방법으로 운송인에게 물품을 인계하는 시점에서 그의 인도 의무를 이행한 것으로 된다.

This rule has two critical points, because risk passes and

costs are transferred at different places. While the contract will always specify a destination port, it might not specify the port of shipment, which is where risk passes to buyer. If the shipment port is of particular interest to the buyer, the parties are well advised to identify it as precisely as possible in the contract.

이 규칙은 두 가지의 중요한 분기점을 갖는다. 왜냐하면 위험과 비용이 상이한 장소에서 이전되기 때문이다. 계약에서는 항상 목적항을 명시하면서 선적항은 명시하지 않지만, 위험은 선적항에서 매수인에게 이전한다. 선적항에 대해 매수인이 특별한 이해관계를 갖는 경우, 당사자들은 계약에서 이를 가급적 정확하게 특정하는 것이 바람직하다.

The parties are well advised to identify as precisely as possible the point at the agreed port of destination, as costs to that point are for the account of the seller. The seller is advised to procure contract of carriage that match this choice precisely. If the seller incurs costs under its contract of carriage related to unloading at the specified point at the port of destination, the seller is not entitled to recover such costs from the buyer unless otherwise agreed between the parties.

당사자들은 합의된 목적 항 내의 지점을 가급적 정확하게 특정하는 것이 바람직하다. 그러한 지점까지의 비용은 매도인이 부담하기 때문에, 매도인은 이러한 선택을 정확하게 만족하는 내용으로 운송 계약을 체결하는 것이 좋다. 매도인이 운송계약에 따라 목적 항 내의 명시된 지점에서 양륙 비용을 지출한 경우, 당사자 간에 다른 합의가 되지 않았다면 매도인은 이를 매수인에게 구상할 수 없다.

The seller is required either to deliver the goods on board the vessel or to procure goods already so delivered for shipment to the destination. In addition the seller is required either to make a contract of carriage or to procure such a contract. The reference to 'procure' here caters for multiple sales down a chain('string sales'), particularly common in the commodity trades.

매도인은 물품을 본선에 적재하여 인도하거나 선적을 위해 목적 항까지 물품을 조달해야 한다. 또한 매도인은 운송계약을 체결하거나 그러한 계약을 조달할 필요가 있다. 여기에 '조달(procure)'을 규정한 것은 특히 1차산품 거래(commodity trade)에서 보편적인 복수의 연속적 매매('연속 매매')에 대응하기 위함이다.

CIF may not be appropriate where goods are handed over to the carrier before they are on board the vessel, for example goods in containers, which are typically delivered at a terminal. In such circumstances, the CIP rule should be used.

CIF는 예컨대 전형적으로 터미널에서 인도되는 컨테이너 화물과 같이 물품이 본선에 적재되기 전 운송인에게 인계되는 경우는 적절하지 않다. 이러한 경우는 CIP 규칙이 사용되어야 한다.

CIF requires the seller to clear the goods for export, where applicable. However, the seller has no obligation to clear the goods for import, pay any import duty or carry out any import customs formalities.

CIF에서 매도인은 해당되는 경우에 물품의 수출 통관을 해야 한다. 그러나 매도인은 물품을 수입 통관하거나 수입 관세를 부담하거나 수입 통관 절차를 수행할 의무가 없다.

A THE SELLERS'S OBLIGATION 매도인의 의무	B THE BUYER'S OBLIGATION 매수인의 의무
A1 General Obligation of the seller 매도인의 일반 의무 The seller must provide the goods and the commercial invoice in conformity with the contract of sale and any other evidence of conformity that may be required by the contract. 매도인은 매매계약에 일치하는 물품 및 상업송장과 그 밖의 계약에서 요구되는 여타 일치되는 증빙을 제공해야 한다. Any document referred to in A1-A10 may be an equivalent electronic record or procedure if agreed between the parties or customary. 당사자 간에 합의되었거나 관행이 있는 경우, A1-A10에 규정된 서류는 동일한 전자적 기록이나 절차일 수 있다.	B1 General Obligation of the buyer 매수인의 일반 의무 The buyer must pay the price of the goods as provided in the contract of sale. 매수인은 매매계약에서 약정한 바에 따라 물품 대금을 지급해야 한다. Any document referred to in B1-B10 may be an equivalent electronic record or procedure if agreed between the parties or customary. 당사자 간에 합의되었거나 관행이 있는 경우, B1-B10에 규정된 서류는 동일한 전자적 기록이나 절차일 수 있다.
A2 Licences, authorizations, security clearances and other formalities 허가, 인가, 보안 통관 및 기타 절차 Where applicable, the seller must	B2 Licences, authorizations, security clearances and other formalities 허가, 인가, 보안 통관 및 기타 절차 Where applicable, it is up to the

obtain, at its own risk and expense, any export licence, or other official authorization and carry out all customs formalities necessary for the export of the goods.

해당되는 경우에, 매도인은 자신의 위험과 비용으로 수출 허가나 기타 공적 인가를 획득해야 하고, 물품의 수출에 필요한 모든 통관 절차를 수행해야 한다.

buyer to obtain, at its own risk and expense, any import licence, or other official authorization and carry out all customs formalities for the import of the goods and for their transport through any country.

해당되는 경우에, 매수인 자신의 위험과 비용으로 수입 허가나 기타 공적 인가를 획득하고 물품의 수입과 제3국을 통과하는 운송에 필요한 모든 통관 절차를 수행하는 것은 매수인의 몫이다.

A3 Contracts of carriage and insurance **운송계약과 보험계약** a) Contract of carriage 운송계약 *The seller must contract or procure a contract for the carriage of the goods from the agreed point of delivery, if any, at the place of delivery to the named port of destination or, if agreed, any point at that port. The contract of carriage must be made on usual terms at the seller's expense and provide for carriage by the usual route in a vessel of the type normally used*	**B3 Contracts of carriage and insurance** **운송계약과 보험계약** a) Contract of carriage 운송계약 The buyer has no obligation to seller to make a contract of carriage. 매수인은 매도인에 대해 운송계약을 체결하게 할 의무가 없다.

for the transport of the type of goods sold.

매도인은 인도 장소나 인도 장소에 합의된 인도 지점이 있다면 그 지점부터 지정 목적 항까지, 또는 그 목적 항에 합의된 지점이 있을 경우는 그 지점까지 물품을 운송하는 계약을 체결하거나 그러한 계약을 조달해야 한다. 운송계약은 매도인의 비용으로 통상적인 조건으로 체결되어야 하며, 매매 물품의 품목을 운송하는 데 통상적으로 사용되는 종류의 선박으로 통상적인 항로로 운송하는 내용이어야 한다.

b) Contract of insurance
   보험계약

The seller must obtain, at its own expense, cargo insurance complying at least with the minimum cover provided by clauses(C) of the Institute Cargo Clauses(LMA/IUA) or any similar clauses. The insurance shall be contracted with underwriters or an insurance company of good repute and entitle the buyer, or any other person having an insurable interest in the goods, to claim directly from the insurer.

b) Contract of insurance
   보험계약

The buyer has no obligation to the seller to make a contract of insurance. However, the buyer must provide the seller, upon request, with any information necessary for the seller to procure any additional insurance requested by the buyer as envisaged in A3b).

매수인은 매도인에 대해 보험계약을 체결하게 할 의무가 없다. 그러나 매도인의 요청이 있을 경우, A3b)의 규정에 따라 매수인이 요

매도인은 자신의 비용으로 적어도 (로이즈시장협회/국제보험업협회의) 협회적하약관 C약관이나 그와 유사한 약관에서 제공하는 최소 담보조건에 따른 적하보험을 취득해야 한다. 보험계약은 평판이 양호한 보험 인수업자나 보험회사와 체결해야 하고, 보험은 매수인이나 물품에 피보험 이익을 가지는 제3자가 보험자에 대해 직접 청구할 수 있도록 해야 한다.

When required by the buyer, the seller shall, subject to the buyer providing any necessary information requested by the seller, provide at the buyer's expense any additional cover, if procurable, such as cover as provided by Clauses (A) or (B) of the Institute Cargo Clauses(LMA/IUA) or any similar clauses, and/or cover complying with the Institute War Clauses and/or Institute Strikes Clauses(LMA/IUA) or any similar clauses.

매수인의 요청이 있는 경우, 매도인은 필요한 정보를 매수인에게 매수인의 비용으로 제공하는 조건으로, 가능하면(로이즈시장협회/국제보험업협회) 협회적하약관 A 또는

청하는 추가적 보험을 제공하는 데 필요한 정보를 제공해야 한다.

B나 그와 유사한 약관, 또는(로이
즈시장협회/국제보험업협회의) 협
회전쟁약관 및 협회동맹파업약관,
기타 그와 유사한 약관에 의해 보
험계약을 체결하는 등의 추가적 보
험을 제공해야 한다.

*The insurance shall cover, at a
minimum, the price provided in the
contract plus 10%(i.e., 110%) and
shall be in the currency of the
contract.*
*보험 금액은 최소한 매매계약에서
약정된 대금에 10%를 더한 금액
(즉 매매대금의 110%)이어야 하
고, 보험의 통화는 매매계약의 통
화와 같아야 한다.*

The insurance shall cover the
goods from the point of delivery
set out in A4 and A5 to at least
the named port of destination.
보험 구간은 A4 및 A5에 규정된 인
도 지점부터 적어도 지정 목적 항까
지 물품을 보호하는 것이어야 한다.

The seller must provide the buyer
with the insurance policy or other
evidence of insurance over.
매도인은 매수인에게 보험증권이

나 기타 보험계약을 체결하는 데 필요한 증빙을 제공해야 한다. Moreover, the seller must provide the buyer, at the buyer's request, risk, and expense (if any), with information that the buyer needs to procure any additional insurance 또한 매도인은 매수인의 요청에 따라, 매수인의 위험과 비용(있는 경우)으로 매수인이 추가적 보험을 드는 데 필요한 정보를 제공해야 한다.	
A4 Delivery 인도 *The seller must deliver the goods either by placing them on board the vessel or by procuring the goods so delivered.* In either case, the seller must deliver the goods on the agreed date or within the agreed period and in the manner customary at the port. *매도인은 물품을 본선에 적재함으로써 또는 그렇게 물품을 조달함으로써 인도해야 한다.* 각각의 경우, 매도인은 합의된 기일이나 기간 안에 당해 항구에서 관습적인 방법으로 물품을 인도해야 한다.	**B4 Taking delivery** 인수 The buyer must take delivery of the goods when they have been delivered as envisaged in A4 and receive them from the carrier at the named port of destination. 물품이 A4에 규정된 바와 같이 인도된 때에 매수인은 그 물품을 인수해야 하고, 지정 목적 항에서 운송인으로부터 그 물품을 수령해야 한다.

B5 Transfer of risks 위험 이전	B5 Transfer of risks 위험 이전
The seller bears all risks of loss of or damage to the goods until they have been delivered in accordance with A4, with the exception of loss or damage in the circumstance described in B5. 매도인은 물품이 A4에 따라 인도되는 시점까지 물품의 멸실 또는 손상의 모든 위험을 부담하되, B5에 규정된 상황에서 발생하는 멸실 또는 손상은 예외로 한다.	The buyer bears all risks of loss of or damage to the goods from the time they have been delivered as envisaged in A4. 매수인은 A4에 규정된 바와 같이 물품이 인도된 시점부터 물품의 멸실 또는 손상의 모든 위험을 부담한다. If the buyer fails to give notice in accordance with B7, then it bears all risks of loss of or damage to the goods from the agreed date or the expiry date of the agreed period for shipment, provided that the goods have been clearly identified as the contract goods. 매수인이 B7에 따른 통지를 하지 않을 경우, 물품이 계약 물품과 일치하는 조건으로 매수인은 합의된 선적 기일이나 선적 기간의 만료일부터 물품의 멸실 또는 손상의 모든 위험을 부담한다.
A6 Allocation of costs 비용 분담	B6 Allocation of costs 비용 분담
The seller must pay 매도인은 다음 비용을 부담한다.	The buyer must, subject to the provisions of A3a), pay

매수인은 A3a)의 규정에 따라 다음 비용을 부담한다.

a) all costs relating to the goods until they have been delivered in accordance with A4, other than those payable by the buyer as envisaged in B6; and

a) 물품이 A4에 따라 인도되는 시점까지 물품과 관련한 모든 비용. 그러나 B6의 규정에 따라 매수인이 부담하는 비용은 제외한다.

a) all costs relating to the goods from the time they have been delivered as envisaged in A4, except, where applicable, the costs of customs formalities necessary for export as well as all duties, taxes, and other charges payable upon export as referred to in A6c);

a) A4에 규정된 바와 같이 물품이 인도되는 시점부터 물품과 관련한 모든 비용. 그러나 해당되는 경우, A6c)에 언급된 바와 같이 수출에 필요한 통관 비용 및 수출 시 부과되는 모든 관세와 세금, 기타 공과금은 제외된다.

b) the freight and all other costs resulting from A3a), including the costs of loading the goods on board and any charges for unloading at the agreed port of discharge that were for the seller's account under the contract of carriage;

b) 물품의 본선 적재 비용 및 합의된 양륙항에서의 양륙 비용 중에서 운송계약상 매도인이 부담하기로

b) all costs and charges relating to the goods while in transit until their arrival at the port of destination, unless such costs and charges were for the seller's account under the contract of carriage;

b) 물품이 목적 항에 도착하는 시점까지 운송 중에 물품과 관련한 모든 비용과 부대 비용. 그러나 그러한 비용과 부대 비용을 운송계약

한 비용을 포함하여, A3a)의 규정
에 따른 운임 및 기타 모든 비용.

c) the costs of insurance resulting
from A3b); and
c) A3b)의 규정에 따른 보험 비용.

상 매도인이 부담하기로 한 경우는
그에 따른다.

c) unloading costs including
lighterage and wharfage charges,
unless such costs and charges
were for the seller's account
under the contract of carriage;
c) 부선료와 부두 사용료를 포함한
양륙 비용. 그러나 그러한 비용을
운송계약상 매도인이 부담하기로
한 경우는 그에 따른다.

d) any additional costs incurred,
if it fails to give notice in
accordance with B7, from the
agreed date or the expiry date of
the agreed period for shipment,
provided that the goods have
been clearly identified as the
contract goods;
d) 매수인이 B7에 따른 통지를 하
지 않는 경우, 합의된 선적 일자나
선적 기간의 만료일부터 발생하는
추가 비용. 다만 이를 위해 물품은
계약 물품으로 명확히 특정되어 있
어야 한다.

d) Where applicable, the costs of
customs formalities necessary for

e) where applicable, all duties,
taxes and other charges, as well

export as well as all duties, taxes, and other charges payable upon export, and the costs for their transport through any country that were for the seller's account under the contract of carriage.

d) 해당되는 경우에, 수출에 필요한 통관 비용과 수출 시 부과되는 모든 관세와 세금, 기타 공과금 및 제3국을 통과하는 데 드는 운송 비용 중 운송계약상 매도인이 부담하기로 한 비용.

as the costs of carrying out customs formalities payable upon import of the goods and the costs for their transport through any country, unless included within the cost of the contract of carriage; and

e) 해당되는 경우에 물품의 수입에 부과되는 모든 관세와 세금, 기타 공과금과 수입 통관 비용 및 제3국을 통과하는 드는 운송 비용 중에서 운송계약 비용에 포함되지 않은 비용.

f) the costs of any additional insurance procured at the buyer's request under A3 b) and B3 b).

f) A3-b)와 B3-b)에 따라 매수인의 요청에 따라 제공된 추가적 보험 비용.

A7	Notices to the buyer

Notices to the buyer
매수인에 대한 통지

B7 Notices to the seller
매도인에 대한 통지

The seller must give the buyer any notice needed in order to allow the buyer to take measures that are normally necessary to enable the buyer to take the goods.

매도인은 매수인이 물품을 수령할 수 있도록 통상적으로 필요한 조치를 취할 수 있게 필요한 통지를 해

The buyer must, whenever it is entitled to determine the time for shipping the goods and/or the point of receiving the goods within the named port of destination, give the seller sufficient notice thereof.

매수인이 지정 목적 항 내에서 물품을 수령할 지점을 결정할 권리를

야 한다.	가진 때에는 매도인에게 그에 관해 충분히 통지해야 한다.

A8 Delivery document **인도 서류**	**B8 Proof of delivery** **인도의 증명**
The seller must, at its own expense, provide the buyer without delay with the usual transport document for the agreed port of destination. 매도인은 자신의 비용으로 매수인에게 합의된 목적 항까지의 운송에 관한 통상적인 운송 서류를 지체 없이 제공해야 한다. The transport document must cover the contract goods, be dated within the period agreed for shipment, enable the buyer to claim the goods from the carrier at the port of destination and, unless otherwise agreed, enable the buyer to sell the goods in transit by the transfer of the document to a subsequent buyer or by notification to the carrier. 이 운송 서류는 계약 물품에 관한 것으로서, 합의된 선적 기간 이내로 일부(日附)되어야 하고, 매수인이 목적 항에서 운송인에 대해 물	The buyer must accept the transport document provided as envisaged in A8 if it is in conformity with the contract. 매수인은 선적 시기 또는 A8의 규정에 따라 제공된 운송 서류가 계약과 일치하는 경우 이를 수령해야 한다.

품의 인도를 청구할 수 있도록 해
야 하며, 달리 합의되지 않은 한 매
수인이 후속 매수인에게 운송 서류
를 양도하거나 운송인에 대한 통지
로써 운송 중에 물품을 매각할 수
있도록 해야 한다.

When such a transport documents
issued in negotiable from and in
several originals, a full set of
originals must be presented to
buyer.
그러한 운송 서류가 유통 가능한
형식으로 복수의 원본이 발행된 경
우는, 그 원본의 전통(全通)이 매수
인에게 제공되어야 한다.

A9 Checking · packing · marking 검사 · 포장 · 화인	B9 Inspection of goods 물품 검사
The seller must pay the costs of those checking operations(such as checking quality, measuring, weighting, counting,) that are necessary for the purpose of delivering the goods in accordance with A4, as well as the costs of any pre-shipment inspection mandated by the authority of the country of export. 매도인은 A4에 따라 물품을 인도	The buyer must pay the costs of any mandatory pre?shipment inspection, except when such inspection is mandated by the authorities of the country of export. 매수인은 강제적인 선적전검사에 드는 비용을 부담해야 하되, 다만 그러한 검사를 수출국이 강제하는 경우는 예외로 한다.

하기 위한 목적에서 필요한 검사
(예컨대 품질, 용적, 중량, 수량의
검사)에 드는 비용 및 수출국이 강
제하는 선적전검사에 드는 비용을
부담해야 한다.

The seller must, at its own
expense, package the goods,
unless it is usual for the
particular trade to transport the
type of goods sold unpackaged.
The seller may package the
goods in the manner appropriate
for their transport, unless the
buyer has notified the seller of
specific packaging requirements
before the contract of sale is
concluded. Packaging is to be
marked appropriately.
매도인은 자신의 비용으로 물품을
포장해야 한다. 다만 특정한 거래
에서 물품이 통상적인 형태로 포장
되지 않은 채 매매되어 운송되는
경우는 그러지 않는다. 매도인은
당해 운송에 적절한 방법으로 물품
을 포장할 수 있다. 다만 매수인이
매매계약 체결 전에 포장에 관한
특정한 요건을 통지한 경우는 그에
따라야 한다. 포장에는 적절한 화
인이 표시되어야 한다.

A10 Assistance
정보에 관한 협조 및 관련 비용

The seller must, where applicable, in a timely manner, provide to or render assistance in obtaining for the buyer, at the buyer' s request, risk and expense, any documents and information, including security-related information, that the buyer needs for the import of the goods and/or for their transport to the final destination.

매도인은 해당되는 경우에, 시기적절한 방법으로 매수인의 요청에 따라 매수인의 위험과 비용으로, 매수인이 물품의 수입, 또는 최종 목적지까지 운송에 필요한 여하한 서류와 보안 관련 정보를 포함한 여하한 정보를 제공하거나, 매수인이 그러한 서류와 정보를 획득하는 데 협조해야 한다.

The seller must reimburse the buyer for all costs and charges incurred by the buyer in providing or rendering assistance in obtaining documents and information as envisaged in B10.

B10 Assistance with information and related costs
정보에 관한 협조 및 관련 비용

The buyer must, in a timely manner, in a timely manner, advise the seller of any security information requirement so that the seller may comply with A10.

매수인은 매도인이 A10의 규정을 준수할 수 있도록, 시기적절한 방법으로 매도인에게 보안 정보에 관한 필요 사항을 통지해야 한다.

The buyer must reimburse the seller for all costs and charges incurred by the seller in providing or rendering assistance in obtaining documents and information as envisaged in A10.

매도인은 매수인이 B10의 규정에 따라 서류와 정보를 제공하거나 그러한 서류와 정보를 획득할 수 있도록 협조함으로써 발생한 모든 비용과 부대 비용을 매수인에게 상환해야 한다.	매수인은 매도인에게, 매도인이 A10의 규정에 따라 서류와 정보를 제공하거나 그러한 서류와 정보를 획득하는 데 협조함으로써 발생한 모든 비용과 부대 비용을 상환해야 한다. The buyer must, where applicable, in a timely manner, provide to or render assistance in obtaining for the seller, at the seller's request, risk and expense, any documents and information, including security-related information, that the seller needs for the transport and export of the goods and for their transport through any country. 매수인은 해당되는 경우에, 시기적절한 방법으로 매도인의 요청에 따라 매도인의 위험과 비용으로, 매도인이 물품의 운송과 수출 및 제3국을 통과하는 운송에 필요한 여하한 서류와 보안 관련 정보를 포함한 여하한 정보를 제공하거나, 매도인이 그러한 서류와 정보를 획득하는 데 협조해야 한다.

주) LMA: Lloyd's Market Association(로이즈시장협회)
　　IUA: International Underwriting Association of London(국제보험업협회)

part 5

Incoterms 2010 사용 방법

1920년 창립한 국제상업회의소에서 창립 당시부터 국제무역 발전을 저해하는 가장 큰 장애 요소로 주목한 것이 FOB, CIF 등의 무역조건에 대한 해석이 국가마다 상이하다는 점이 있다. 이에 무역조건에 대해 각국에서 채택하는 용어와 그 내용을 조사하고, 그 결과에 근거해 1936년 무역조건의 해석에 관한 규칙으로 제정한 것이 바로 Incoterms이다.

1. Incoterms 2010 규칙을 매매계약에 기입할 것

당해 계약에 Incoterms 2010 규칙을 적용하는 경우, 그러한 취지를 계약서에 명확히 명기해야 한다. 예컨대 수출입 매매계약서 가격란에 'Price : FOB Busan Port, Korea US$20.00 per piece, Incoterms 2010' 과 같이 해당 규칙(가격 조건)과 Incoterms 2010 문구를 삽입한다.

2. 적절한 Incoterms 규칙을 선택할 것

선택된 Incoterms 규칙은 당해 물품과 그 운송 방법에 적합해야 한다. 예컨대 운송계약이나 보험계약 체결 등의 의무와 같은 추가적 의무를 매도인 또는 매수인 중에 누가 부담하는 것이 적합한지를 정해야 한다.

각 Incoterms 규칙의 사용 지침(Guidance Note)에는 특히 이러한 선택을 하는 데 유익한 정보가 담겨 있다. 그러나 어떠한 Incoterms

규칙을 선택하든 간에, 당해 계약에서 이용되는 항구나 장소에 따라 특유한 관행으로 계약의 해석에서 영향을 받을 수 있다는 점을 명심해야 한다.

3. 당해 장소나 항구를 가급적 정확하게 명시할 것

선택된 Incoterms 규칙은 당사자들이 그에 관한 장소나 항구를 지정하는 때에만 효력을 발휘할 수 있다.

당사자들이 장소나 항구를 가급적 정확하게 명시하는 경우 분쟁의 소지가 없으며, Incoterms의 효력을 최대한 발휘할 수 있다.

예컨대 다음과 같이 정확히 명시하는 것이 좋다.

'FCA 38 Samsung-dong, Gangnam-gu, Seoul, Korea, Incoterms 2010'.

Incoterms 2010 에서 *EXW*(Ex Works, 공장 인도조건), *FCA*(Free Carrier, 운송인 인도조건), *DAT*(Delivered at Terminal, 도착 터미널 인도), *DAP*(Delivered at Place, 도착 장소 인도조건), *DDP*(Delivered Duty Paid, 관세 지급 인도조건), *FAS*(Free Alongside Ship, 선측 인도조건), *FOB*(Free on Board, 본선 인도조건) 조건에서는, *지정장소(the named place)*가 곧 인도가 일어나는 장소이자 위험이 매도인에게서 매수인에게로 이전되는 곳이다.

한편 *CPT*(Carriage Paid To, 운송비 지급 인도조건), *CIP*(Carriage and Insurance

Paid To, : 운송비·보험료 지급 인도조건), *CFR*(Cost and Freight, 운임 포함 인도조건), CIF(Cost, Insurance and Freight, 운임·보험료 포함 인도조건) 조건에서는 지정 장소와 인도 장소가 서로 다르다.

후자의 4가지 조건에서, 지정 장소는 목적지이고 목적지까지의 운임 또는 보험료가 지급되어야 한다. 지정 장소나 목적지는 의문이나 논란을 피할 수 있도록 지정 장소나 목적지 내의 정확한 지점(point)을 명확하게 표시하는 것이 좋다.

4. Incoterms 규칙이 매매계약을 완벽하게 해주는 것은 아님을 명심할 것

Incoterms 규칙은 매매계약 시 어느 당사자가 운송계약이나 보험계약을 체결할 의무를 부담하는지, 매도인은 매수인에게 언제 물품을 인도할 것인지, 각 당사자는 어떠한 비용을 부담하는지에 대해 규정한다.

그러나 Incoterms 규칙은 매매 대금이나 그 지급 방법에 대해서는 어떠한 규정도 하지 않는다. 또한 Incoterms 규칙은 물품 소유권 이전이나 계약 위반의 효과에 대해서는 규정하지 않는다.

이러한 사항들은 당해 매매계약상의 명시 조건이나 그 준거법에 의하여 다루어진다. 따라서 매매 당사자들은 매매계약(선택된 Incoterms 규칙 포함)의 어떤 내용보다 국내법의 강행 규정이 우선한다는 점을 명심해야 한다.